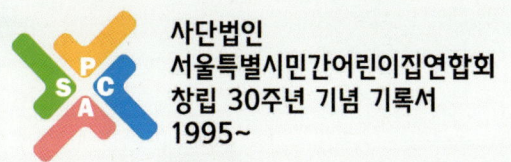

사단법인
서울특별시민간어린이집연합회
창립 30주년 기념 기록서
1995~

『품다』

발간사

(사)서울특별시민간어린이집연합회 회장
전 양 숙

"30년, 품은 만큼 깊어진 길"

서울시민간어린이집연합회가 올해로 창립 30주년을 맞이하였습니다.
1995년, 보육의 현장을 누구보다 가까이에서 지켜보며, 현장의 목소리를 하나로 모으기 위해 모인 민간어린이집 원장님들의 결단과 열정이 하나의 연합체로 결실을 맺은 그날로부터, 우리는 30년이라는 시간을 걸어왔습니다.
이 뜻깊은 해를 맞아, 연합회의 역사를 돌아보고 그 의미를 되새기며, 『품다』라는 이름으로 기념서적을 발간하게 된 것은 그 자체로 감회가 깊고, 커다란 의미를 지니고 있습니다.
'품다'라는 단어는 단순한 보육의 행위를 넘어, 우리 민간어린이집이 걸어온 30년의 정체성을 상징합니다.
우리는 아이 한 명 한 명의 꿈과 성장을 품고, 부모님들의 염려와 기대를 함께 품으며, 무엇보다 교사들의 열정과 원장님들의 헌신과 사명을 품고 오늘에 이르렀습니다.
그 길은 평탄하지만은 않았습니다. 수많은 보육 정책의 변화, 시대의 흐름, 사회적 인식의 변화 속에서 민간보육은 때로는 소외되기도 하고, 때로는 오해의 벽에 부딪히기도 하였습니다.

하지만 그 모든 굴곡 속에서도, 민간보육은 스스로의 사명을 잊지 않았습니다.
저출생의 그늘, 예측할 수 없는 유보통합의 흐름, 늘 부족한 재정과 인력의 어려움... 정부와 지자체의 공보육 확대 정책 속에서도, 우리가 민간보육만의 가치와 철학을 놓지 않고 굳건히 지켜온 것은, 단지 기관을 운영하기 위한 목적이 아닌, 아이들의 '삶'을 책임진다는 사명감이 있었기 때문입니다.
한결같이 현장을 지켜주신 원장님들, 아이들 곁을 묵묵히 지켜주신 교사들 그리고 믿음으로 동행해주신 학부모님들의 마음 덕분입니다. 그 마음 하나하나가 모여 지금의 30년을 만들었습니다.

서울시민간어린이집연합회는 그 모든 과정에서 회원들의 목소리를 모으고, 보육 현장의 중심에서 정책을 논의하며, 때로는 연대하고 때로는 대화를 이어가며 '지속 가능한 보육'을 위한 길을 함께 만들어 왔습니다.

초창기에는 제도도, 체계도 부족했지만, 함께 모여 밤을 새워 정책을 검토하고, 토론하고, 현장의 어려움을 나누며 하나하나 쌓아올린 시간들이 지금의 연합회를 있게 했습니다.

이번 기념서적 『품다』에는 그 모든 이야기들이 담겨 있습니다.

이 책은 단순한 과거의 기록이 아니라, 우리가 어떤 마음으로 아이들을 품어왔는지, 어떤 사명으로 이 길을 지켜왔는지를 보여주는 증거입니다.

각 시대별 정책의 변화, 연합회의 활동, 회원 원장님들의 생생한 목소리를 통해, 민간 보육이 한국 보육 역사 속에서 얼마나 중요한 역할을 해왔는지 확인하실 수 있을 것입니다.

이 자리를 빌려, 지난 30년간 연합회와 함께 해주신 모든 전·현직 회장님들께 진심으로 존경과 감사의 인사를 드립니다.

무엇보다 보육의 최전선에서 늘 따뜻한 품으로 아이들을 안아주신 모든 교사들과 원장님들께 깊은 감사를 전합니다.

또한 서울시와 유관 기관 관계자 여러분, 그리고 우리 연합회를 신뢰하며 함께 해주신 학부모님들께도 고마운 마음을 전합니다.

민간 보육이 걸어온 길은 단순한 기관의 역사만이 아니라, 대한민국 보육의 한 축을 든든히 지켜온 역사입니다.

그리고 그 역사에는 '아이를 중심에 둔 사람들'의 진심이 늘 함께 있었습니다.

이제 우리는 또 다른 30년을 준비해야 합니다.

더 많은 변화가 우리를 기다리고 있고, 보육의 새로운 패러다임이 다가오고 있습니다.

그러나 우리는 알고 있습니다. 아이를 향한 진심은 시대를 뛰어넘고, '품는 보육'의 가치는 언제나 변함없다는 것을 말입니다.

앞으로도 서울시민간어린이집연합회는 변화에 유연하게 대응하되, 우리의 본질은 지켜가겠습니다.

모든 아이가 따뜻하게 품어지는 세상, 모든 보육인이 존중받는 사회를 위해, 더 단단히 손을 잡고 나아가겠습니다.

축사

서울특별시 시장
오 세 훈

　서울특별시민간어린이집연합회의 창립 30주년을 진심으로 축하드립니다.

　아이들의 웃음과 함께한 30년, 그 길에는 언제나 연합회와 보육 교직원 여러분의 헌신이 있었습니다. 전양숙 회장님을 비롯한 연합회 회원, 그리고 현장을 지켜주신 교사 여러분께 깊이 감사드립니다.

　지난 30년 동안 연합회는 영유아의 권익을 보호하고 교직원의 역량을 강화하며, 서울 보육의 든든한 기반을 다져왔습니다. 그 노력이 오늘의 보육 현장을 떠받쳐 온 든든한 힘이 되었습니다.

　보육은 단순히 아이를 돌보는 일이 아니라, 저출생 시대를 이겨내고 우리 사회의 미래를 세우는 가장 중요한 토대입니다. 앞으로도 연합회가 지난 30년의 경험과 지혜를 바탕으로 새로운 해법을 찾고, 아이와 부모 모두가 안심할 수 있는 보육 환경을 함께 만들어가길 기대합니다.

　서울시 역시 언제나 여러분 곁에서 아이들의 웃음과 보육의 미래를 지켜나가겠습니다. 다시 한번 창립 30주년을 축하드리며, 모든 보육 가족의 앞날에 보람과 기쁨이 가득하기를 기원합니다.

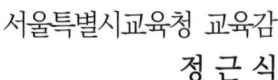

서울특별시교육청 교육감
정 근 식

안녕하십니까?
서울특별시교육청 교육감 정근식입니다.

서울특별시민간어린이집연합회 창립 30주년 기념서적「품다」발간을 진심으로 축하드립니다.

돌아보면 지난 30년은 영유아들을 위한 사랑과 헌신으로 쌓아 올린 귀한 시간이었습니다. 그 길 위에서 서울 영유아 보육의 질 향상과 보육교직원의 권익 향상을 위해 노력해 온 모든 선생님과 서울특별시민간어린이집연합회 관계자분들께 감사의 말씀 드립니다.

오늘 우리는 0~5세 모든 영유아가 이용 기관과 관계없이 양질의 교육·돌봄 서비스를 차별 없이 지원하기 위한 유보통합이라는 중요한 변화를 앞두고 있습니다.

유보통합의 과정에서 연합회가 그동안 쌓아온 경험과 지혜를 바탕으로 큰 역할을 해 주시리라 믿습니다. 현장의 목소리와 아이 중심의 가치를 담아 주실 때 더욱 튼튼하고 의미 있게 완성될 것입니다.

이러한 변화 속에서 연합회의 노력이 담긴 기념 서적「품다」발간은
앞으로 나아갈 새로운 30년을 향한 희망의 다짐이 될 것이며,
우리 아이들의 더 나은 환경 속에서 성장할 수 있는 미래를 모색하기 위한 뜻깊은 걸음이 될 것으로 기대합니다.

다시 한번 창립 30주년을 축하드리며, 연합회 모든 회원님들의 건강과 보람이 늘 함께하기를 기원합니다.

앞으로도 우리 아이들의 건강한 성장과 더 나은 미래를 위해 든든한 동반자기 되어 주시기를 바랍니다. 감사합니다.

❖ 축사

서울특별시의회 의장
최 호 정

여러분 반갑습니다.
서울특별시의회 의장 최호정입니다.

'서울특별시민간어린이집연합회 창립 30주년'을 진심으로 축하드립니다.
긴 시간 동안 서울 보육의 든든한 버팀목이 되어주신 전양숙 회장님과 연합회 회원 여러분께 깊은 감사와 존경의 마음을 전합니다.
서울은 지금, 전례 없는 저출생 위기를 마주하고 있습니다.
한 아이의 탄생이 더 없이 귀하고 소중한 이때, 보육의 공공성과 신뢰를 지켜내는 여러분의 노력이 참 값지고 절실하게 다가옵니다.
서울특별시민간어린이집연합회는 지난 30년 동안, 서울시 보육정책과 현장을 잇는 가교역할을 충실히 해왔습니다. 현장의 최일선에서 목소리를 내주신 덕분에, 정책과 제도에 내실을 다질 수 있었습니다.
무엇보다 코로나19와 돌봄 공백과 같은 위기 앞에서도 서울 보육이 멈추지 않을 수 있었던 건, 보육 교직원 여러분의 실천과 헌신 덕분입니다. 서울시의회도 그 귀한 뜻에 함께하고자 최선을 다하고 있습니다. 어린이집 폐원에 대비한 조례 개정, 서울시 유보통합추진자문위원회 구성 등 급변하는 보육환경 속에서도 여러분이 마음 편히 활동하실 수 있도록 제도적 기반을 마련해 왔습니다.
앞으로도 보육의 지속가능성을 높이고 민간어린이집 보육 교직원의 처우와 권익이 실질적으로 개선될 수 있도록 입법적·재정적 지원을 아끼지 않겠습니다.
30년의 뿌리를 바탕으로, 앞으로의 30년을 새롭게 열어갈 서울특별시민간어린이집연합회의 힘찬 도약을 응원합니다. 서울시민과 우리 아이들의 행복을 품는 더 든든한 동반자가 되어주시길 바랍니다.
다시 한번 창립 30주년을 축하드리며, 여러분 모두가 더 큰 희망과 자부심을 품을 수 있도록 서울시의회도 늘 곁에서 함께하겠습니다. 감사합니다.

더불어민주당 대표
정청래

여러분, 안녕하십니까.
더불어민주당 대표 정청래입니다.

서울시민간어린이집연합회 창립 30주년과 기념 서적 『품다』의 발간을 진심으로 축하합니다. 서울시 민간어린이집의 공공성 강화와 제도 개선을 위해 힘써주신 회장님과 모든 관계자 여러분, 그리고 연합회 역사의 소중한 기록을 남기는 데 함께해주신 집필진께 깊이 감사드립니다.

영유아기는 신체, 인지, 정서 측면에서 인간 발달의 기초가 형성되는 결정적 시기입니다. 바로 그 때 아이들은 어린이집에서 생애 첫 선생님을 만나고, 보육교직원 여러분이 베푸는 따뜻한 사랑과 보살핌 속에 성장합니다. 그 숭고한 희생과 노고는 어떤 찬사와 격려로도 부족할 것입니다.

이 책은 선생님들과 부모님들의 진솔한 이야기, 연합회의 활동을 통해 어린이집의 오늘을 그려냅니다. 심각한 저출생 위기로 어린이와 어린이집, 보육교직원 수가 지속적으로 줄고 있는 상황에서 우리가 어떻게 더 나은 어린이집을 만들어갈지 알려주고 있습니다.

돌봄은 국가와 사회의 몫이어야 합니다. 어린이를 함께 키우며, 동시에 우리는 보육교직원의 권익을 위해 노력해야 합니다. 어린이집이야말로 우리 사회 돌봄과 보육 시스템을 지탱하는 버팀목이며 선생님의 권리는 곧 아이들의 권리와 직결됩니다. 더불어민주당은 보육교직원 권익을 향상하고 보육의 질을 높이기 위해 변함없이 여러분과 함께 하겠습니다.

이번에 발간되는 『품다』가 지난 30년 연합회의 역사를 기록한 것을 넘어, 서울시의 보육이 나아갈 방향을 제시해주는 이정표가 될 것이라 기대합니다. 다시 한 번 창립 30주년을 축하드리며, 모든 분들의 행복을 기원합니다.

축사

국민의힘 국회의원
나 경 원

안녕하십니까,
국민의힘 국회의원 나경원입니다.

창립 30주년, 그리고 기념서 『품다』의 발간을 진심으로 축하드립니다.
지난 세월, 민간 보육의 최전선에서 서울시 아이들의 하루를 따뜻하게 돌봐주신 여러분의 헌신은 말로 다 전하기 어렵습니다.

전양숙 회장님을 비롯한 서울시민간어린이집연합회 모든 관계자 여러분께 깊은 감사와 존경의 마음을 전합니다. 여러분은 늘 같은 자리에서, 익숙한 하루를 새롭게 채워나가며 우리 사회의 미래를 준비해오셨습니다.

그 정성과 수고는 단지 어린이집의 시간이 아니라, 아이의 삶을 바꾸고, 가정의 균형을 세우며, 사회의 지속가능성을 지탱하는 큰 힘이 되었습니다.

저 역시 그동안 어린이집 원장님들과의 간담회, 서울민간어린이집연합회 회장단 취임식 등 여러 자리를 통해 현장의 목소리를 직접 듣고, 함께 고민해왔습니다. 그렇게 이어져온 인연 속에서 여러분의 진심 어린 노고와 전문성에 대한 존경의 마음은 더욱 깊어졌습니다.

『품다』라는 제목처럼, 이 책은 누군가를 가슴에 품는 일처럼 조용히, 그러나 묵직하게 서울 보육의 시간을 담고 있습니다.

각자의 위치에서 쌓아온 실천들이 한 데 모여, 우리 사회가 지켜야 할 가치를 다시 떠올리게 합니다. 무엇보다 이 기록은 민간 보육이 지나온 여정을 보여주는 동시에, 앞으로 어떤 선택을 해야 할지 묻고 있다는 점에서 특별한 의미가 있다고 생각합니다.

민간어린이집은 정답보다 질문을 먼저 품어야 하는 공간입니다.
어떤 환경이 아이에게 더 나은가, 어떻게 해야 부모가 안심할 수 있는가, 교사에게는 어떤 조건이 존중인가. 그 해답을 오랜 시간 찾아오신 여러분의 노력이 있었기에 서울시 보육은 오늘에 이를 수 있었습니다. 국가의 미래는 결국 아이들이 자라는 공간에서 시작된다고 믿습니다. 저출생이라는 거대한 흐름 앞에서도, 저는 보육이 단순한 해법이 아닌, 사회의 기본값이 되어야 한다고 생각합니다. 보육이 안정될 때, 가정이 안심하고 아이를 키우고, 교사가 자부심을 갖고 일할 수 있습니다.

이 선순환을 지키기 위해 저는 입법과 제도, 정책의 영역에서 더욱 세심하게 역할을 다하겠습니다. 서울시민간어린이집연합회의 30년은 '존재를 증명해온 시간'이었습니다. 이제는 '존중받는 역할로 자리매김하는 시간'이 되어야 한다고 생각합니다. 여러분이 쌓아온 전문성과 철학이 더 이상 제도 밖에서 고군분투하지 않도록, 저도 함께 하겠습니다.

다시 한 번 『품다』의 발간을 축하드리며,
앞으로의 30년도 민간 보육의 지혜와 따뜻함이 서울시 보육의 중심에서 더욱 빛나기를 기원합니다.
감사합니다.

축사

육아정책연구소 소장
황 옥 경

　서울특별시민간어린이집연합회 창립 30주년과 기념서적 발간을 진심으로 축하드립니다.

　지난 수십 년 동안 우리 사회에서 보육은 수많은 도전과 변화를 겪으며 발전해 왔습니다. 사회의 변화 속에서 어린이집은 언제나 아이들의 웃음과 성장을 지켜내는 든든한 울타리가 되어 왔습니다. 어린이집은 아이들이 안전하고 행복하게 지낼 수 있는 공간이자, 부모가 믿고 아이를 맡길 수 있는 공간으로서 우리 사회가 미래를 준비하는 중요한 토대를 마련해 왔습니다.

　오늘날의 어린이집은 단순한 돌봄을 넘어, 아이의 발달을 촉진하고 건강한 성장을 돕는 소중한 배움터입니다. 아이들은 점점 더 이른 나이에 기관에 들어와 더 오랜 시간을 머물며, 하루의 많은 부분을 어린이집에서 보내고 있습니다. 생애 첫 5년 동안의 관계와 경험은 한 개인이 어떤 성인이 될지, 그리고 우리가 함께 만드는 사회가 어떤 모습이 될지를 결정합니다. 그렇기에 어린이집의 책임과 역할은 그 어느 때보다 막중합니다.

　서울특별시민간어린이집연합회는 지난 30년 동안 이러한 책임을 함께 짊어지고 묵묵히 실천해 왔습니다. 현장의 기관들을 아우르는 것을 넘어, 교사의 권익을 지키고, 현장의 목소리를 정책에 반영하며, 보육의 질을 높이는 데 중요한 발자취를 남겼습니다. 연합회의 헌신은 아이와 부모는 물론 어린이집 교직원 모두가 존중받는 보육환경을 마련하는 데 큰 힘이 되어 왔습니다.

다가올 30년은 새로운 도전과 기회가 공존하는 시간이 될 것입니다. 급변하는 사회 환경과 다양해지는 요구 속에서 보육은 더욱 세심하고 전문적인 대응이 필요합니다. 더 넓은 시야와 더 깊은 책임 속에서 새로운 길을 모색해야 할 것입니다.

무엇보다 중요한 것은 아이들이 행복하게 성장하고, 교사와 현장의 목소리가 존중받으며, 가정과 함께 어우러지는 보육을 만들어 가는 일입니다. 아이, 부모, 교사 등 어린이집 구성원 모두가 함께 행복할 때 비로소 보육은 제 역할을 다할 수 있습니다. 저는 서울특별시민간어린이집연합회가 이러한 협력과 연대를 바탕으로 앞으로도 우리 사회 보육의 미래를 든든히 이끌어 주시리라 믿습니다.

육아정책연구소 역시 현장의 목소리에 귀 기울이고 연합회와 긴밀히 협력하여 원칙을 지키고 보육의 공공성과 전문성을 더욱 강화하는 데 함께하겠습니다.

다시 한 번 창립 30주년을 축하드리며, 무궁한 발전을 기원합니다.

축사

서울특별시여성가족재단 대표이사
박 정 숙

서울시민간어린이집연합회의 창립 30주년과 기념 서적 『품다』의 발간을 진심으로 축하드립니다.

지난 30년 동안 연합회는 우리 아이들의 건강한 성장과 행복한 미래를 위해 묵묵히 헌신하며, 보육 현장의 든든한 버팀목이 되어 주었습니다. 변화하는 사회 환경 속에서도 늘 아이와 가정을 중심에 두고 최선을 다해온 회원 여러분의 노고에 깊이 감사드립니다.

특히 이번 기념 서적 『품다』에는 연합회의 다양한 활동과 전임 회장님들의 발자취, 자치구별 원장님, 교사와 학부모님의 진솔한 이야기, 그리고 서울시의 보육 중장기 계획과 주요 정책들이 담겼습니다. 이는 단순한 연합회의 역사 기록을 넘어 우리 보육 공동체가 함께 걸어온 길과 앞으로 나아갈 방향을 제시하는 소중한 나침반이 될 것입니다.

오늘날 보육은 단순한 돌봄의 차원을 넘어 미래 세대를 길러내는 가장 중요한 사회적 기반입니다. 아이들의 웃음 속에서 우리 사회의 희망이 자라나고, 교사와 학부모의 헌신 속에서 공동체가 더 단단해집니다. 서울시여성가족재단은 이러한 가치가 더욱 빛날 수 있도록 민간어린이집과 긴밀히 협력하여 보육의 질을 높이고, 현장의 목소리가 제도와 정책 속에 충실히 반영되도록 최선을 다하겠습니다.

창립 30주년을 맞아 발간되는 이번 서적이 우리 모두에게 지난 발자취를 돌아보고, 새로운 미래를 열어나가는 뜻깊은 이정표가 되기를 기대합니다. 다시 한번 오늘의 귀한 출간을 축하드리며, 서울시 보육의 더 큰 도약과 연합회의 빛나는 발전을 함께 기원합니다.
감사합니다.

한국어린이집총연합회 회장
김 경 숙

안녕하십니까.
한국어린이집총연합회 회장 김경숙입니다.

서울시민간어린이집연합회 30주년을 맞아 『품다』 발간을 진심으로 축하드립니다.
지난 30년은 우리나라 보육의 제도적 변화와 사회적 인식이 크게 달라져 온 시간입니다. 그 과정에서 서울시민간어린이집연합회는 언제나 현장의 목소리를 담아내고, 영유아의 웃음과 안전을 지켜내며, 보육교직원의 권익을 향상시키는 데 앞장서 왔습니다. 이러한 노력과 헌신이 있었기에 오늘날 서울시 보육의 발전이 가능했다고 믿습니다.

『품다』라는 이름처럼, 영유아와 가정을 따뜻하게 품어온 지난 30년의 발자취는 서울시 보육의 큰 자산이자 자긍심이라 할 수 있으며 이 책자는 그간의 성과를 기록하는 동시에 미래 보육의 길을 밝히는 소중한 이정표가 될 것입니다.

앞으로도 서울시민간어린이집연합회가 보육현장의 목소리를 대변하고, 보육교직원과 학부모가 신뢰할 수 있는 든든한 동반자로서 더욱 성장해 나가기를 기대하며 한국어린이집총연합회도 영유아와 보육교직원 모두가 행복할 수 있는 보육환경을 만들기 위해 최선을 다해 함께하겠습니다.

끝으로, 서울시민간어린이집연합회의 30주년을 진심으로 축하드리며, 『품다』 발간을 위해 애써주신 전양숙 회장님을 비롯한 임원진과 관계자 여러분께 깊은 감사의 말씀을 드립니다.
감사합니다.

Contents

○ 서울특별시민간어린이집연합회 일반 현황 ·················· 15

○ 서울시 보육, 한눈으로 힐끗보기 ····························· 18

○ 연합회 30년사, 살짝 들여다보기 ···························· 19

PART 1-1. 서울시 보육정책_ 중장기 계획으로 크게 보기 ········ 21

PART 1-2. 서울시 보육정책_ 정책별로 자세히 보기 ·············· 29

PART 2. 서민련 활동 내용, 제대로 파헤쳐 보기 ················ 47

PART 3. 하고 싶은 이야기, 남기고 싶은 이야기…
가슴에 귀 기울여보기 ································· 151

PART 4. 우리들의 모습, 지회별로 살펴보기 ···················· 187

[도움을 주신 분들]

인터뷰 영상 따로 모아보기 ·· 302
구로구 본동어린이집
동작구 신영어린이집
성동구 꿈터어린이집
은평구 숲속키즈어린이집 (가나다 순)
그리고 베이비뉴스(www.ibabynews.com)

○ 서울특별시민간어린이집연합회 일반 현황

- 설립일 : 1995년 1월 17일
- 회원현황 : 23개 지회 570명
- 역대 회장

초대 회장
故 박정혜
(1995-1997)

2대 회장
故 박정혜
(1997-1999)

3대 공동회장
오경희
(1999-2001)

3대 공동회장
전성희
(1999-2001)

4대 회장
이영애
(2001-2002)

5대 회장
전해순
(2002-2004)

6대 회장
김심환
(2004-2006)

7대 회장
곽현희
(2006-2008)

8대 회장
김애리
(2008-2010)

9대 회장
김애리
(2010-2013)

10대 회장
고성희
(2013-2015)

11대 회장
고성희
(2015-2017)

12대 회장
안미숙
(2017-2019)

13대 회장
정혜경
(2020-2023)

14대 회장
전양숙
(2023-   )

● 임원현황

회장
전양숙

수석부회장
노영주

기획홍보부회장
김상규

재정부회장
오채순

교육부회장
김정임

감사 정희영

감사 정외숙

강남지회장
이연주

강동지회장
최지운

강북지회장
최순자

강서지회장
김미옥

관악지회장
구정희

광진지회장
김경미

구로지회장
이혜련

금천지회장
조서영

노원지회장
이재영

도봉지회장
박선안

동대문지회장
장하영

동작지회장
김경자

마포지회장
정영란

서대문지회장
김성주

서초지회장
민행난

성동지회장
강금숙

성북지회장
조정수

송파지회장
김미정

양천지회장
최현미

영등포지회장
김지현

용산지회장
신현란

은평지회장
박경옥

중랑지회장
엄혜석

○ 서울시 보육, 한눈으로 힐끗보기

① 어린이집 일반 현황

유형	어린이집(개소)	정원(명)	현원(명)	교직원(명)
민간	745	47,375	28,032	8,907
가정	1,029	18,967	12,532	6,427
국공립	1,857	102,768	74,498	24,260
직장	296	20,704	11,873	4,922
사회복지법인	16	1,317	653	212
법인·단체 등	60	3,739	2,261	726
협동	21	624	381	161
합계	4,024	195,494	130,230	45,615

② 아동 현황

유형	0세반	1세반	2세반	영아혼합반	3세반	4세반	5세반	유아혼합반	장애아반	합계
민간	1,832	4,813	7,054	1,653	3,727	2,128	2,266	4,189	99	27,761
가정	2,505	3,327	3,367	3,222	4	-	-	53	-	12,478
국공립	7,487	16,624	20,073	2,327	9,363	4,654	4,845	7,051	1,674	74,098
직장	333	2,480	3,077	258	1,739	1,061	1,137	1,730	-	11,815
사회복지법인	22	82	125	16	118	61	81	94	48	647
법인·단체 등	119	367	519	59	265	167	182	302	70	2,050
협동	11	19	48	64	42	11	17	162	-	374
합계	12,309	27,712	34,263	7,599	15,258	8,082	8,528	13,581	1,891	129,223

③ 보육교직원 현황

유형	원장	보육교사	특수교사	영양사	간호사	간호조무사	조리원	사무직원	합계
민간	745	6,507	16	41	6	10	583	43	7,951
가정	1,029	4,355	-	-	-	-	80	6	5,470
국공립	1,857	18,559	226	55	30	39	2,084	22	22,872
직장	296	3,651	-	59	36	11	540	57	4,650
사회복지법인	16	146	5	2	1	-	17	2	189
법인·단체 등	60	505	20	5	4	-	53	9	656
협동	21	111	-	-	-	-	14	-	146
합계	4,024	33,834	267	162	77	60	3,371	139	41,934

(출처: 서울열린데이터광장, 2025. 8. 11. 기준)

2. 연합회 30년사, 살짝 들여다보기

○ 연합회 30년사, 살짝 들여다보기

1995	서울시 민간·가정 보육시설연합회 창립
	초대 故 박정혜 회장 취임
	서울시 민간·가정 보육소식지 창간
1996	연합회 사무실 개소(용산구 조원빌딩 305호)
1997	2대 故 박정혜 회장 연임
1998	보육가족인 한마당 큰잔치 개최
1999	3대 오경희, 전성희 공동회장 취임
	보육일지 제작 및 배포
	연합회 사무실 이전(마포구 성지빌딩 304호)
2000	서울시 어린이집·놀이방연합회로 개칭
	홈페이지 개설(www.citycare.or.kr)
2001	4대 이영애 회장 취임
2002	연합회 사무실 이전(마포구 성지빌딩 809호)
	서식집, 원아모집 브로슈어 제작
2003	5대 전해순 회장 취임
	연령별 대화장, 부모교육자료, 기본생활습관 자료 제작
2004	한국보육시설연합회와 전국어린이집·놀이방연합회 통합
	서울시 어린이집·놀이방연합회 분리 총회
2005	연합회 사무실 이전(동대문구 남서울대학교 5층)
	6대 김심환 회장 취임
2007	연합회 사무실 이전(종로구 광화문시대오피스텔 1618호)
	7대 곽현희 회장 취임
2009	8대 김애리 회장 취임
	서울시보육인 한마음 대회 개최
	서울시 보육시설 재정운영 연구용역

2010	영아 보육 프로그램집 제작 작은 손 큰 사랑 나눔 바자회 개최	
2011	9대 김애리 회장 연임 연합회 사무실 이전(종로구 광화문시대 1817호) 작은 손 큰 사랑 나눔 바자회 개최 다문화 가족 축제 개최	
2012	연합회 사무실 이전(종로구 광화문시대 1818호) 다문화 장애아 가족 축제 개최	
2013	10대 고성희 회장 취임 민간어린이집의 차별 해소를 위한 보육교직원 결의대회 개최	
2014	사단법인 설립 인가	
2015	연합회 사무실 이전(종로구 세종로대우빌딩 916호) 11대 고성희 회장 연임	
2017	연합회 사무실 이전(마포구 서울복지타운 607호) 12대 안미숙 회장 취임	
2018	서울 국제교육·보육 콘텐츠 어워즈 공동 주최	
2019	정혜경 수석부회장 회장 직무대행	
2020	13대 정혜경 회장 취임	
2022	서울시 보육주간 선포	
2023	14대 전양숙 회장 취임 서울민간어린이집연합회 유튜브 채널 개설 제1회 영상공모전(인성 공감 프로젝트) 개최	
2024	제2회 영상공모전(인지·정서·발달 프로젝트) 개최	
2025	서울민간어린이집연합회 어플리케이션(App) 제작 제3회 영상공모전(나의 30년, 우리의 30년) 개최 공익법인 지정(기획재정부) 부모교육용 도서 '아이의 마음을 읽는 시간'- 부모가 알아야 할 아이 마음 해석법 발간 창립 30주년 기념 기록물 '품다' 발간	

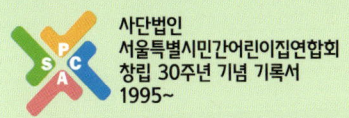

사단법인
서울특별시민간어린이집연합회
창립 30주년 기념 기록서
1995~

『품다』

PART **1-1**

서울시 보육정책, 중장기 계획으로 크게 보기

1 제1차 서울시 중장기 보육계획(2006-2010)

(1) 수립 배경 및 비전
- 2005년 영유아보육법 개정에 따라 국가와 지방자치단체에게 5년 단위로 중장기 보육기본계획을 수립하도록 의무화함.
- 정책 비전 : 믿고 맡길 수 있는 보육환경 조성

(2) 정책 목표
- 공보육 기반 구축
- 보육서비스 수준 확대

(3) 정책 과제
- 공보육 기반 조성
    - 저소득 시민의 육아부담 경감
    - 1동 1공공보육시설 확충
    - 공공기관 내 보육시설 확충
    - 직장보육서비스 제공 적극 시도

- 보육서비스 질적 수준 향상
    - 다양한 맞춤형 보육서비스 제공
    - 보육종사자 처우개선을 통한 서비스 수준 제고
    - 시 특수시책을 통한 보육서비스 수준 제고

- 지원 → 책임 → 평가 연계 시스템 구축
    - 상시 점검 및 지원시스템 구축
    - 우수 보육시설에 대한 인센티브제 확대

2 제2차 서울시 중장기 보육계획(2011-2015)

(1) 정책 비전
  : 보육 걱정 없는 서울

(2) 정책 목표
  • 여성의 사회활동 지원, 저출산 문제 극복
    - 언제, 어디서나 이용가능한 맞춤형 보육서비스 구현
    - 믿고 맡길 수 있는 안심보육 환경 조성

(3) 정책과제
  • 보육인프라 확충 등 공보육 기반 강화
    - 공공보육시설 확충
    - 서울키즈센터 건립·운영
    - 영유아플라자 운영 활성화
    - 보육정보센터 운영 내실화
    - 영유아 보육료 지원 확대

  • 서울형 어린이집 보육서비스 업그레이드
    - 서울형 어린이집 공인 확대
    - 서울형 어린이집 재평가 실시
    - 보육교사 연구 동아리
    - 보육도우미 확대 지원
    - 주치의제 운영 활성화
    - 급식재료 공동구매 운영
    - 서울형 어린이집 정보제공 강화
    - 체험 및 탐방활동 가이드북 제작

  • 수요자 중심의 맞춤보육서비스 구현
    - 365일 24시간 거점 어린이집 운영
    - 부모·아동 특성에 맞는 보육서비스 제공
    - 직장보육서비스 제공 적극 시도

- 민간보육시설 서비스 수준 향상 지원
- 믿고 맡길 수 있는 안심보육환경 조성
    - 급식 공개 정착화
    - 회계관리시스템 운영 활성화
    - 안심보육컨설팅 활성화
    - 보육시설 지도·점검 개선
    - 모범보육시설 선정 및 인센티브 지원
    - 보육 현장에서의 소통 강화

3 제3차 서울시 중장기 보육계획(2016-2020)

(1) 정책 비전
   : 아이는 행복하고, 부모는 안심하는 '맘 편한' 보육

(2) 정책과제

- 양적 확충과 함께 고품질의 보육서비스 제공
    - 민간을 선도하는 고품격의 국공립어린이집 확충
    - 보육교사 공적관리시스템 안정화 및 확산
    - 서울형어린이집의 공공성 강화
    - 보육비 부담 경감으로 무상보육정책 체감도 제고
- 다양하고 촘촘한 돌봄 지원 체계 구축 및 고도화
    - 수요자 맞춤형 보육서비스 내실화
    - 가정양육지원 보육서비스 강화
    - 긴급 보육 지원망 구축
    - 지역기반 돌봄문화 확산
- 아이행복 · 부모안심 보육 실현
    - 아동학대 걱정없는 안심보육 환경 조성
    - 어린이집 운영의 투명성 강화
    - 건강하고 안전한 어린이집 환경 조성

- 보육교사 역량강화 및 근로환경 개선
  - 보육교사 역량강화를 위한 맞춤 컨설팅 확대
  - 보육교사 근로환경 개선
  - 보육교사 직급체계 도입(검토)
- 돌봄 친화적 지역문화 및 협력체계 강화
  - 육아종합지원센터를 지역육아 거점으로 조성
  - 권역별 체험형 영유아문화시설 확충
  - 부모 · 지역사회 · 어린이집 협력 강화

4 제4차 서울시 보육 중장기 마스터플랜(2021-2025)

(1) 정책 비전 : 아이 키우기 좋은 「보육특별시 서울」

(2) 정책 목표
- 보육의 공공성 제고
- 수요 맞춤형 보육 질 개선
- 교직원 노동환경권 보장
- 건강하고 안전한 안심 보육환경 조성

(3) 정책 과제(추진 전략)
- 안심하고 맡길 수 있는 공보육 인프라 구축
  - 서울형 공유어린이집
  - 서울형어린이집 개선
  - 국공립 확충 및 질 향상
  - 긴급보육 확대
  - 취약보육 강화
- 아동 놀이 중심의 新 보육모델 적용
  - 교사 대 아동비율 개선
  - 다함께 어린이집

- 생태어린이집 활성화
- AI 등 스마트 기술 활용
- 규제완화를 통한 경쟁력 ↑

• 교직원이 신바람 나는 근무환경 구축
    - 비담임 정교사 지원
    - 전자문서화 / 업무간소화
    - 표창 등 인센티브 강화
    - 민간·가정 교사 보수 인상
    - 보육교직원 권익 보호
    - 교육 효율화료 역량 강화

• 안전사고 아동학대 제로! 암심 보육 환경 조성
    - 급간식비 인상
    - 아동학대 제로
    - 감염병 예방시스템 구축
    - 서울상상나라 활성화
    - 서울안심 키즈카페 확산
    - 가정양육 활성화

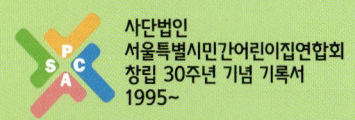

『품다』

PART **1-2**

서울시 보육정책,
정책별로 자세히 보기

1 반당 운영비(2000 ~)

- 사업내용 : 인건비 지원 어린이집에 비해 상대적으로 재정지원이 적은 기관보육료 지원 어린이집에 반당 운영비를 지원함으로써 운영비 부담을 줄이기 위해 시행하고 있는 사업으로, 교사 대 아동비율이 낮은 영아반은 2000년부터 시행해오고 있으며 2022년부터는 유아반까지 확대 시행하고 있음.

- 추진배경
  - 영아의 경우 1인당 보육비용이 높아 어린이집의 재정적 부담이 크고, 이로 인해 어린이집에서 영아반 운영에 소극적인 사례가 발생함.

- 지원대상
  - 인건비 지원 어린이집 및 직장어린이집을 제외한 민간·가정·부모협동 어린이집

- 지원요건
  - 반별 정원충족률 50% 이상인 경우 지급

- 지원금액
  - 0세아반(장애아반, 0~1세 혼합반) : 월 30만원/반
  - 1세아반 및 2세아반 : 월 25만원/반
  - 3~5세반 : 월 10만원/반

※ 총 반당 운영비의 10% 이내에서 '어린이집 보육의 질 개선을 위한 연구 등 원장·교사 공동 역량강화' 활동으로 공동 활용

2 보육교직원 처우개선비 지원(2003 ~)

- 사업내용 : 보육교직원의 처우 개선을 통해 장기근속을 유도하고 보육서비스의 질을 향상시키기 위해 진행하는 사업으로 2003년부터 시행해오고 있음.
- 추진배경
    - 보육교직원의 열악한 근무환경과 낮은 처우로 인한 이직 방지
    - 보육교직원 전문성 확보 및 안정적인 고용 유지
    - 인건비 지원 어린이집과 기관보육료 지원 어린이집간의 임금격차 완화
- 지원내용

지 원 구 분		지 원 금 액
원 장	인건비 지원 어린이집	월 195,000원
	기관보육료 지원 어린이집의 교사겸직원장	월 50,000원
보육 교직원	• 인건비 지원 어린이집 보육교직원 (1개월 이상 채용 대체교직원 포함) • 육아종합지원센터 채용 대체교사 • 자치구 육아종합지원센터 채용 대체조리원 • 시·자치구 육아종합지원센터 보육전문요원 등(센터장 포함) • 조리원(정원 40인 이상 인건비 지원 어린이집, 장애아전문어린이집)	월 145,000원
	민간어린이집 보육교직원 (1개월 이상 채용 대체교직원 포함)	월 200,000원
	방과후교사	월 100,000원

- 지원조건
    - 영유아보육법에 따라 의무적으로 배치하도록 한 보육교직원에 한하여 지급. 단, 조리원은 정원 40인이상 인건비 지원 어린이집에 한함.
    - 어린이집에서 1개월 이상 채용한 대체교직원 포함
    - 평일 8시간 근무 원칙(월 급여 야간연장반 교사는 일 6시간 이상 근무)
    - 매월 1일 기준(1일이 공휴일이면 매월 최초 근무일)으로 임용 중인 보육교직원으로 보조금 신청기준일(매월 10일) 현재 근무 중인 자에 대하여 정액 지급(일할 정산하지 않음)

3 (시비)보조교사 및 보육도우미 지원(2008 ~)

- 사업내용 : 보육교사의 과도한 업무 부담 경감을 위해 지원인력인 보조교사, 보육도우미를 지원하는 사업으로 보육도우미는 2008년(인건비 지원시설 대상)부터, 보조교사(비담임교사)는 2012년(보육도우미 미지원 서울형 어린이집 대상)부터 지원사업을 시작하였으며, 2014년부터 지원대상을 기관보육료 지원 어린이집까지 확대하여 시행함.

- 운영기준

구 분	(시비)보조교사(2시간 추가 지원)	보육도우미
자격 조건	보육교사 자격증 소지자 ※ 친·인척 채용시 인건비 지원 중단	특별한 자격요건 없음
주요 역할	〈시비 보조교사〉 • 담임교사의 보육·놀이·급식 등 영유아 보육에 필요한 업무보조 〈2시간 추가 지원〉 • 국·시비 보조교사 지원 시 국·시비 보조교사 역할에 따름	• 청소, 급식(조리) 등 주요업무 지정하되 이외의 보육교사의 업무 지원가능 ※ 조리업무는 가능하나, 조리원으로 임면 불가
	※ 운전인력 등 보육교사 처우개선과 무관한 업무 종사 금지	
근로 조건	• 1일 4시간, 주 20시간 근무(2시간 추가 지원 받는 어린이집의 경우 추가시간 포함하여 근로계약 체결) • 보육교사의 근무환경 개선을 위해 필요시 근무시간대 등 조정가능 (근로계약서 명시) • 연차, 월차 등 기타 근로조건은 근로기준법 등 준수	

- 지원 세부내용

구 분	(시비)보조교사	보육도우미	
지원 대상	국비지원 보조교사 기준을 미충족하여 보조교사를 지원받지 못하는 어린이집	급식(조리)	민간, 가정, 협동, 직장 어린이집
		청소	전체 어린이집
지원 조건	영아반 2개 이상 영아반 전체 정원 충족율 40% 이상 서울시 어린이집관리시스템 이용 클린카드 이용	서울시 어린이집관리시스템 이용 클린카드 이용	
지원 내용	월 1,100,000원 (4대보험 본인부담금 포함)	월 1,066,400원 (4대보험 본인부담금 포함, 사용자부담금 30% 별도 지원)	

4 서울형 어린이집(2009 ~)

- 사업개요 : 보육품질 평가 기준을 통과한 민간어린이집을 '서울형어린이집'으로 공인하고 인건비 및 운영비를 지원함으로써 향상된 보육서비스를 안정적으로 제공하기 위한 사업으로 2009년부터 시작함.

- 추진배경
    - 일정 기준을 충족하는 민간·가정어린이집에 국공립과 유사한 지원을 통해 믿고 맡길 수 있는 어린이집 확충과 이를 통한 서울의 보육서비스 수준 향상

- 지원대상
    - 서울형 공인을 받은 어린이집 (공인기간 3년)

- 공인평가

평가분야	평가 영역	신규공인		재공인	
		지표	점수	지표	점수
공보육 책임운영 체계 구축	1. 서울시 정책 실행력 강화	2	42	2	50
	2. 투명한 재정운영	3		1	
	3. 안전한 시설운영	2		2	
	4. 사회적 책임 이행	2		2	
아이 중심 보육 활동 강화	5. 맞춤·취약 보육 강화	2	38	2	40
	6. 보육과정 전문성 제고	3		3	
	7. 아동권리 보장	3		3	
보육하기 좋은 교사 근무환경 조성	8. 보수 및 성과보상 연계 강화	1	20	1	10
	9. 역량개발체계 구축 및 실행	1		1	
	10. 교사권익 보호	1		1	
합계	10영역	20	100	18	100

- 지원내용

구분	지원내용	비고
인건비	원장 : 월 지급액(1~3호봉)의 80% 영아반 교사 : 월 지급액의 80% 유아반 교사 : 월 지급액의 30% 조리원(1인) : 월 지급액의 100% 야간연장 교사 : 월 지급액의 80% 24시간어린이집 전담교사 : 월 지급액의 80% 장애아통합어린이집 전담교사 : 월 지급액의 80% 보조교사 : 2시간 추가 지원(총 6시간, 개소당 1명) 보육도우미 : 2시간 추가 지원(총 6시간, 개소당 1명)	반 정원 50% 이상 반 정원 50% 이상 현원 20인 이상 보육아동 1명 이상 보육아동 2명 이상
운영비	평균보육료 수입의 10% 지원	현원 기준
환경개선비	어린이집 규모별로 지원한도액 차등 적용 20인 이하 : 400만원 21~59인 : 500만원 60인 이상 : 700만원	신규공인 시 최초 1회 지원

5 보험료 지원(2013 ~)

- 사업내용 : 서울시의 지원이 있기 전에는 어린이집 입학 시 학부모들이 상해보험료를 부담하고 있었음. 서울시는 2008년 자치구별 일괄 가입을 시작으로, 2013년부터는 영유아의 상해 및 배상에 어린이집안전공제회 공제료를 전액 지원하고 있으며, 2017년부터는 돌연사증후군 특약을, 2024년에는 보육교직원의 형사방어비용 특약을 추가 지원하고 있음.

- 추진배경
    - 영유아보육법 개정에 따른 영유아 안전을 위한 보험 가입 의무화
    - 어린이집 개별 가입에 따른 보상수준의 격차 발생

- 추진방향
    - 어린이집 내 발생 가능한 안전사고에 대비하여 아동과 교직원의 신체·재산 피해를 보장
    - 피해 발생 시 신속한 보상 체계를 마련하여 학부모의 신뢰 확보

- 가입대상
    - 전체 어린이집 및 영유아

- 보장내용
    - 영유아(방과후) 생명·신체 피해 담보, 돌연사증후군 특약, 형사방어비용 특약

    ※ 형사방어특약은 어린이집에서 개별가입하며, 자치구에서 어린이집 납부 공제료의 80%를 환급(자부담 20%)

6 차액보육료 지원(2015 ~)

- 사업개요 : 정부 인건비 미지원 어린이집인 민간·가정어린이집에 다니는 3~5세 유아 학부모가 부담해야 하는 보육료(차액 보육료)의 일부 또는 전부를 지원함으로써 부모의 보육료 부담을 경감하기 위한 사업으로 2015년부터 시작함.

- 추진배경
    - 무상보육 실시에도 불구하고 기관보육료 지원 어린이집의 보육료 수납한도액과 인건비 지원 어린이집의 보육료 수납한도액이 달라 보육료 차액이 발생하고, 이로 인한 학부모의 보육료 부담이 발생하는 것에 대한 형평성의 문제 발생(영아는 부모가 부담하는 보육료가 없음)

- 지원대상
    - 기관보육료 지원 어린이집 재원 3~5세 유아
    - 서울시 소재 어린이집을 이용하는 경우

- 지원내용
    - 차액보육료 100%

- 지원금액('25년 기준)
    - 3세 : 218,300원
    - 4~5세 : 197,300원

7 교사 대 아동 비율 개선 시범사업(2021 ~)

- 사업개요 : 교사 1인이 담당하는 아동 수를 법정기준보다 축소하고 해당 어린이집에 인건비 또는 운영비를 지원하는 사업으로 2021년부터 시범사업으로 실시함.

- 추진배경
    - 부모 만족도 제고, 안전사고 감소 등 안전한 보육환경 마련
    - 교사 1인당 아동수를 법정기준보다 축소, 보육교사 업무 경감

- 사업대상
    - 1순위 : 동행어린이집 802개반 (~ '23년 기지정 어린이집 315개반)
    - 2순위 : 자치구에서 지역 보육환경 등을 고려하여 선정

- 지원내용
    - 지정반 교사 인건비 100% 또는
    - 정원 감소 아동의 보육료 기준 운영비

- 인건비 지원 유형
    - ~ '23년 기지정 어린이집 315개반(서울형 및 국공립어린이집)
    - 대상연령 : 0세반(1:2), 3세반(1:10)
    - 반 구성 기준
        1) 0세반 : 4명 이상(2개반), 반당 현원 2명 이상
        2) 3세반 : 13명 이상, 기존반 8명, 신규반 현원 5명 이상

- 운영비 지원 유형
    - '24 ~ 신규지정 어린이집
    - 대상연령 및 지원내역('25년 하반기 기준)

구분	0세반	장애아반	1세반	2세반	3세반
법정기준	3명	3명	5명	7명	15명
개선기준	2명	2명	4명	6명	10명
개선인원	- 1명	- 1명	- 1명	- 1명	- 5명
지원금액	1명 보육료 (567,000)	1명 보육료 (616,000)	1명 보육료 (500,000)	1명 보육료 (414,000)	5명 보육료 (1,400,000)
유지현원	1명	1명	1명	2명	4명

- 해당반 아동 감소로 유지현원 기준 미충족 시, 연도 내 0~3세 연령반 변경 1회 가능 (단, 영아반(0~2세반) → 유아반(3세반)으로 변경 불가)
• 아동 감소로 유지현원 미 충족 시 익월부터 3개월 지원 후 해당반 지원 중단

8 서울형 모아어린이집(2021 ~)

• 사업개요 : 인근 3~5개 어린이집을 공유 공동체로 구성, 교사 모임 등을 통해 유대감을 형성하고, 공유 프로그램을 개발·운영하는 보육 모델로 2021년 9월 '서울형 공유어린이집'이란 명칭으로 사업을 시작함. '22년 3월 '생태친화형 어린이집 운영 사업'과 통합하여 '서울형 모아어린이집'으로 명칭을 변경함.

• 추진배경
  - 민간과 국공립 어린이집간 보육 수급 불균형 및 격차 발생
  - 어린이집의 개별적 입소시스템으로 공간 등 자원 비효율적 사용
  - 출생률 감소 및 코로나19 장기화로 어린이집 운영 어려움 가중

• 추진현황

년도	'21년	'22년	'23년	'24년
시 기	초기(1단계)	확산기(2단계)	정착기(3단계)	정착기(3단계)
공 동 체	14공동체 →	40공동체 →	60공동체 →	80공동체
어린이집	40개소	160개소	240개소	326개소
추진전략	공동보육에 대한 공감대 확산	공유 프로그램 개발 (생태친화/다함께 등)	다양한 공동체 운영 (장애 및 다문화포함)	우수프로그램 확대

• 추진계획
  - 서울형 모아공동체 활성화 지원
    ○ '25년 신규공동체 20개 추가 선발하여 100개 공동체 확대 운영
    ○ 폐원 위기 어린이집을 포함하여 신규 모아공동체 구성 시 가점을 부여하여 상생협력 어린이집 확대 운영
    ○ 취약보육 등 지역 특성 고려한 다양한 공동체 구성·운영 시 우선 선정
    ○ 재원아동, 대기자나 신규 입학아동 대상 입소 조정

- 공통프로그램 개발 및 지원
    ○ 공동체별 다양성을 반영한 우수프로그램 확대 및 컨설팅 지원
    ○ 각 어린이집 내 다양한 물적·인적자원을 어린이집 간 공유
    ○ 부모 참여기회 확대, 공동체-부모 간 협력관계 형성
    ○ 지역자원 활용 및 지역사회와 교류
    ○ 운영의 내실을 위한 직급별·연차별 맞춤형 지원
- 보육교직원 역량강화 및 인력지원
    ○ 협업을 통해 보육과정 운영, 영유아 발달이해 등 전문성 제고
    ○ 보육교사 업무경감을 위한 보조교사 및 대체교사 우선 지원
- 자립지원을 위한 단계적 지원
    ○ 모아공동체 참여 3년 후 사업지속성 확보를 위한 단계적 자립지원
    ○ 자립 공동체 보육교직원 컨설팅 연계
- 성과관리 및 점검
    ○ 상시 모니터링 및 성과관리
    ○ 과정적 질 중심 성과점검
    ○ 모아어린이집 공모전을 통한 현장의 변화사례 발굴 및 공유 확산

9 서울형 전임교사(2022 ~)

- 사업내용 : 어린이집에 상주하면서 평상시엔 보조교사로 보육교사 업무를 돕고 보육교사가 유급휴가 중일 때는 담임교사로 활동하는 정규인력(서울형 전임교사)를 배치할 수 있도록 인건비를 지원하는 사업으로 2022년부터 시범사업으로 시작함.

- 추진배경
    - 2022년부터 관공서 공휴일이 5인 이상 사업장으로 확대 적용됨에 따라 보육교사의 유급휴가 일수 보장 및 휴가 활용에 따른 보육공백의 최소화 방안 마련 필요

- 추진방향
    - 근로기준법 확대 적용에 따른 교사의 연차사용 보장 및 어린이집의 근로기준법 준수 환경 조성

- 추진형태
    - 비담임 정교사를 담임업무 대체 및 보조 일체형 교사로 활용
- 사업대상
    - 민간 등 전체 유형 어린이집 281개소
- 지원내용
    - 서울형 전임교사 인건비 지원(보육교사 1호봉 월 2,237,800원)
    ※ 서울형 전임교사 근무경력이 1년 이상인 경우 보육교사 2호봉 지원
- 선정기준
    - 상시 근로자 5인 이상이며, 정원 50인 이하 어린이집 우선 지원
    - 취약보육 어린이집 우선 지원
    - 선정된 어린이집에는 해당 인력만큼 보조교사 미지원 원칙

10 외국인 아동 보육료 지원(2022 ~)

- 사업개요 : 보육료 지원 대상(국적과 주민등록번호를 유효하게 보유하고 있는 영유아)에 포함되지 않은 외국인 아동의 보육료의 일부를 지원하는 사업으로 2022년부터 시작함.

- 추진배경
    - 코로나19 장기화로 외국인 아동 감소에 따른 어린이집 재정 어려움 가중
    ('22년 ~ '24년까지는 외국인 아동 보육료의 50%에 해당하는 금액을 운영비로 지원함)
    - 서울시교육청의 유치원 외국인 아동 유아학비 지원 실시('22년 3월)에 따라, 어린이집 재원 외국인 아동 이탈 방지를 위한 대책 마련 필요

- 지원대상
    - '22년 ~ '24년 : 외국인 아동(3~5세)이 재원 중인 어린이집
    - '25년 : 외국인 학부모가 국민행복카드를 발급받을 수 있는 어린이집 재원 외국인 아동(0~5세)

- 지원단가('25년 하반기 기준)

구분	0세	1세	2세	3세	4,5세
인건비 지원 어린이집	283,500	250,000	207,000	140,000	140,000
기관보육료 지원 어린이집				249,150	238,650

11 서울형 0세 전담반(2023 ~)

- 사업개요 : 생후 12개월 미만의 영아를 대상으로 보육교사 1명이 법정 기준(3명)보다 적은 영아 2명을 돌보는 전담반을 운영하는 사업으로 2023년부터 사업을 시작하여 2025년 현재 100개반을 운영하고 있음.

- 추진배경
    - 역대 최저치를 기록한 서울의 합계출산율(2023년 기준 0.55명)
    - 0세 영아의 보육 수요 증가 및 맞벌이 가정의 조기 복직 확산
    - 기존 법정 기준(1:3)이 가지는 영아 안전·건강 관리의 한계
    - 0세 담임교사의 과중한 업무로 인한 이직율 상승

- 지원내용
    - 교사 대 아동비율 축소(1:3 → 1:2)에 따른 운영비(0세 1인 보육료) 지원

구분	0세전담 1개반	0세전담 2개반
기관보육료 지원 어린이집	567,000원 (0세 부모보육료)	1,794,000원 (0세 2인 부모보육료 + 1인 기관보육료)
인건비 지원 어린이집		1,134,000원 (0세 2인 부모보육료)

※ 0세전담 2개반 기관보육료 지원 어린이집 : 2개반 중 1개반 기관보육료는 영아반인센티브 지원으로 충당

- 담임교사 교육수당 : 월 50,000원/인
※ 담임교사 역량강화 의무교육 실시 : 대면 6시간 + 비대면 4시간 + 자율수강 8시간

| 12 | 급간식비 및 조리원 운영비 지원(2023 ~)

- 사업내용 : 보육료에 포함되어 있는 급식비(영아 1,900원, 유아 2,500원)는 유치원에 비해 낮을 뿐 아니라, 물가 상승 등으로 인해 건강한 먹거리를 제공하기에 부족함이 있을 수 있으므로 2023년부터 추가적인 식품재료 구입비를 지원함.
또한 중앙정부의 급식위생관리지원금 지원대상에서 제외된 50인 미만 기관보육료 지원 어린이집 중 조리원을 채용한 곳을 대상으로 2024년부터 조리원 운영비를 지원하고 있음.

- 추진배경
  - 유치원과 어린이집 간 급간식비 격차 해소
  - 코로나19 이후 식자재 물가 상승 및 건강한 먹거리 제공에 대한 사회적 요구
  - (급식위생관리지원금) 사각지대에 있는 조리원 의무배치 시설에 대한 지원 필요

- 지원내용 ('25년 기준)

구분	급간식비	조리원 운영비
지원대상	전체 어린이집 및 영유아	50인 미만 기관보육료 지원 어린이집 중 조리원을 채용한 곳
지원금액	영아 : 월 5,140원(1식 당 257원) 유아 : 월 19,660원(1식 당 983원)	월 300,000원

13 동행어린이집(2024 ~)

- 사업개요 : 아동 감소로 운영에 어려움을 겪고 있는 폐원 위기 어린이집에 대한 선제적 지원으로 서울의 보육서비스 수준 및 보육 인프라 유지를 위한 사업으로 2024년부터 시작함.

- 추진배경
  - 저출생으로 폐원 어린이집이 증가함에 따라 믿고 맡길 수 있는 보육 인프라가 약화되어 저출생 악순환 발생 우려
  - 어린이집 현원 감소로 어린이집 보육료 수입이 감소하여 어린이집 운영의 어려움 호소 및 보육 서비스 질 저하 우려
  - 최근 0세 재원 아동 비율 증가, 최초 이용 연령 하향화 등 보육 수요 변화에 대응하기 위하여 소규모 가정어린이집 등 전유형 어린이집 지원 필요

- 지원대상
  - 정원 충족률 70% 미만이면서 반경 200m 내 타 어린이집이 없는 곳
  - 정원 50인 이하 어린이집 중 정원충족률 60% 미만

- 지원내용
  - 교사 대 아동비율 개선 사업 지정
  - 어린이집 환경 개선비 지원 기준 완화 (어린이집 자부담 30% → 자부담 0%)
  - 서울형 어린이집 신규 공인 지원 : 가점 부여 및 맞춤 컨설팅 추가 지원
  - 모아어린이집 참여 지원 : 모아 공동체에 동행어린이집 포함 시 가점 부여
  - 보조교사 지원 기준 완화(영아반 2개 이상 운영 → 영아반 1개 이상 운영)
  - 대체교사 우선 지원 : 동일 순위로 지원 신청 시 우선 지원

14 서울형 시간제 전문 어린이집

- 사업개요 : 2025년 25개로 확대 운영

- 추진배경
  - 기존 시간제보육 사업이 지닌 한계(가정 양육아동만을 대상으로 함)를 벗어난 다양한 보육 수요 증가 → 유치원 아동 방학, 어린이집 폐원 입소 대기 시에도 이용할

수 있는 일시 보육 제공기관의 필요성 대두
- 시간제보육 이용 확대 및 일시 보육서비스 고도화 필요
- 폐원 위기 어린이집을 활용한 시설 운영으로 안정적 보육환경 지속성 담보

- 추진방향
    - 다양화된 보육 수요를 반영한 '서울형 시간제전문 보육 서비스' 운영
        ○ 양육 수요자에게 맞는 양질의 돌봄 서비스 제공
        ○ 시의성 있는 정책으로 보육 인프라 구축 + 어린이집 대상 새로운 경영 모델 제시

- 지원기준 ('25년 기준)
    - 원장, 교사 인건비 100% 지원
    - 교사 최대 4명 지원(4대보험, 퇴직적립금 포함)
        ※ 단, 교사는 최소 3년 이상의 보육경력 소유자로 주5일 40시간 이상 근무
    - 시간제 보육교사 수당 200,000원
    - 교사 초과근무 수당
    - 보조교사(보육도우미) 인건비 1,068,000원
    - 냉·난방비 등 반당 월 200,000원(최대 600,000원)
    - 보육 실적에 따라 시간단 1,000원 운영비 추가 지원
    - 서울형 특화프로그램 '아이꿈놀이터' 운영
    - 제공기관 컨설팅 및 역량강화 지원(자치구 육아종합지원센터)

- 지원조건
    - 보육실적 월 20시간/반 이상 충족 시 지원

- 이용방법
    - 서울시 보육포털(iseoul.seoul.go.kr)에서 이용일 14일 전부터 1일 전까지 신청 또는 당일 12시까지 해당 기관에 전화 또는 방문 접수

15 어린이집 오픈데이(2024 ~)

- 사업내용 : 지역 내 향후 어린이집에 아이를 맡겨야 하는 부모를 대상으로, 어린이집을 미리 둘러보고 교육프로그램 안내 및 교직원과 함께하는 오픈 행사를 개최하여 어린이집 특성을 알리고 이를 통해 원아 모집에 도움을 주기 위한 것으로 2024년부터 시행함.

- 대상 : 지역 내 관심·입소대기 부모와 희망 어린이집

- 추진방법
    - 오픈데이 기간 내 어린이집별 행사일정 확정
    - SNS, 보도자료 등을 통한 홍보
    - 부모가 직접 신청 → 어린이집에서 직접 신청 명단 확인
    - 오픈데이 운영

- 세부내용
    - 희망 일정 시간에 어린이집 시설 라운딩과 설명회 시간을 어린이집별 형편에 맞게 구성하여 운영

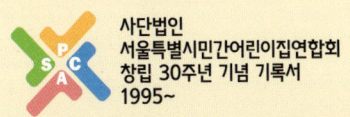

『품다』

PART 2

서민련 활동 내용,
제대로 파헤쳐 보기

PART 2. 서민련 활동 내용, 제대로 파헤쳐 보기

연도	대내	대외
1991		영유아보육법 제정
1995	서울시 민간·가정 보육시설 연합회 창립 서울시 민간·가정보육 소식지 창간	
1997	서울시 민간 보육시설의 실태조사 분석발표 및 보육의 질 제고를 위한 공청회 개최	
1998	보육가족인 한마당 큰잔치 개최	
1999	제1차 정기 대의원 총회 개최(정기총회를 대의원 총회로 전환) 보육일지 공동제작 및 배포	서울시보육정보센터 설립
2000	중국 보육시설 시찰 홈페이지 도메인 등록 (www.citycare.or.kr)	영아반 운영비 지원(반당 70만원, 최대 3개반)
2001	오산대학 생활보육과와 산학협력 체결	
2002	아이·부모·어린이집·놀이방이 함께하는 작은 음악회 개최 서식집, 원아모집 브로우셔 제작·배포	
2003	보육단체 연대회의 토론회 개최 '보육의 사회적 역할과 공공성' 대화장, 부모교육자료 발간	영아반 인건비 지원(40만원) 보육교사 처우개선비 신설(10만원)
2004	전어련·한보련 통합을 위한 「한마음 결의 대회」 개최 남서울대학교 아동복지학과 산학협력 체결 서울시 어린이집·놀이방 연합회 분리 총회	영유아보육법 전면 개정 관할 부처 변경(보건복지부→여성부) 민간보육시설 서비스 개선비 지원(800만원 한도) 영아반 운영비 지원 방식 변경 (0세아 9만원/인, 1~2세아 6만원/인)
2005	서울시보육시설 우수사례집 발간 「적정보육비 산정을 위한 서울시 민간보육시설 운영 및 재정 현황 연구」 공동 발표(서울신학대 백혜리 교수) 월간 「민간보육 정보나라」 창간 '민간보육시설에서 우리 아이 잘 키우기' 토론회 개최 건강 안전 영양 프로그램 전시회 부설 교육센터 개설 민간보육 향상 교류 지원사업(EUP) 추진	설치 신고제 → 인가제로 전환 평가인증 시범사업 실시 영아반 운영비 지원 방식 변경 - 0세반 : 월 20만원 - 1~2세반 : 월 15만원 - 40인 미만 시설 최대 3개반까지 지원

연도	대내	대외
2006	전국 민간·가정분과 집회 전국 비상대책위원회 2차 총궐기 서울시장 후보자 초청 정책간담회 (강금실 후보, 오세훈 후보 측 이계경 의원) 명지전문대학 계약학과 협약식	영아기본보조금제 도입 0세반 운영비 지원금액 인상 (15만원 → 20만원)
2007	정기간행물 「늘해랑」 발간 굿네이버스 업무협약식 체결 자율보육 협력지원 위원회 발족 '영유아보육법상 위임입법의 한계와 민간시설의 대응방향 모색' 토론회 개최 전국민간어린이집 집행부 단식 투쟁 교사 교육 '표준보육과정과 교사의 역할' 진행 시설장 교육 '유아 리더쉽교육가 기관장의 역할' 진행	표준보육과정 도입
2008	'서울형 어린이집에 대한 토론회' 개최	관할부처 변경(여성가족부→보건복지가족부) 서울형어린이집관리시스템 운영 보육도우미 지원
2009	「서울시 보육시설의 재정운영에 관한 연구」 발표(feat. 한국여성정책연구원) 「교사교육을 위한 자료집」 발간 '2009 서울시 보육인 한마음 대회' 개최 서울형어린이집 대책 마련을 위한 특별위원회 운영	서울형어린이집 신설 보육료 지원 방식 변경(바우처) 어린이집 안전공제회 출범 한국보육진흥원 설립
2010	교사교육 '아동학대 예방 및 치료' 실시	보육료 구간결제 도입
2011	'보육교사 처우 및 근무실태 개선' 토론회 개최 보육신문 '서울보육' 창간	명칭변경(보육시설→어린이집, 종사자→보육교직원)
2012	원장회계교육 '신나고 재미있는 어린이집 운영, 재무회계 예/결산 이야기" 실시	5세 누리과정 도입 시비 보조교사 지원
2013	서울시 민간어린이집 운영 개선을 위한 토론회 개최 공정한 보육환경조성을 위한 보육정책 토론회 개최	3세·4세 누리과정 도입 보험료 지원
2014	사단법인 인가 보육현장 우수 안전프로그램 사례발표 및 서울시장 후보자 초청 '보육 정책과 현실 차이 현장에서 그 답을 찾다' 공개 정책건의회 개최	유보통합추진단 설치 어린이집·유치원 정보공시 통합

연도	대내	대외
2015	아동학대 예방교육 실시 - 감정응급처치법과 감정코칭법 - 보육교사 인성 및 영유아 인권 감수성 교육 5대 의무교육 및 성폭력·성희롱 예방 교육 실시 장인교육 행정처분에 대한 공동대응 서민련 회원카드 발급	시도 특성화비 신설 차액보육료 지원 CCTV 설치 의무화
2016	보육정책 설명회 개최 유보통합 진행경과(한어총 정광진 회장) 주요 보육정책 설명(김종필 정책연구소장) 서울시 보육현안(서민련 고성희 회장) 서민련 회원 교육 실시 CCTV 지도점검 및 보육현안(김종필 정책연구소장) 어린이집 운영자가 알아야 할 기본 법률(박용호 자문변호사) 5대 의무교육 및 성폭력·성희롱 예방 교육 실시	보육도우미 업무에 취사 추가
2017	어린이집 관련 법률교육 실시 (박용호 자문변호사) 어린이집 아동학대·CCTV(이상동 자문변호사) 관리동 어린이집 현안 설명회 5대 의무교육 및 성폭력·성희롱 예방 교육 실시 서울형 어린이집 제도 개선을 위한 법률자문의뢰(김&장) 후원물품나눔(오달 프리미엄 바나나칩)	맞춤형 보육 1+1 지원 (보조교사+보육도우미)
2018	서울 국제 교육·보육 콘텐츠 어워즈 공동 주최 및 '우수보육프로그램 공모전 발표 자료집' 발간 5대 의무교육 및 성폭력·성희롱 예방 교육 실시	
2019	안전교육 실시 성폭력 예방 및 직장 내 성희롱 예방 교육 아동학대 예방교육 및 신고의무자 교육 영유아를 위한 안전교육	시비 보조교사 신설 어린이하차확인장치
2020	코로나19 발발	보육체계 개편(기본보육+연장반) 시행 영아반 운영비 지원 제한(현원 40인 미만 시설 최대 3개반) 삭제 전자출결시스템 도입

연도	대내	대외
2021	'미지원시설 보육교사 호봉제 도입을 위한 지원체계 개선' 토론회 개최 후원물품나눔(유아용품세트)	교사 대 아동비율 개선 시범사업 실시 응급처치교육 의무화 서울형 모아어린이집 신설
2022	후원물품나눔(코로나 진단키트) 후원물품나눔(체온스티커, 투명마스크)	반당 운영비 10만원 인상(영아반) 및 신설(유아반) 외국인 유아 보육료 지원(추경) 서울시 보육주간 선포 서울형 전임교사 지원
2023	주요 유형별 현안을 통해 알아보는 유보통합 좌담회 개최 후원물품나눔(소형마스크)	유보통합 추진계획 발표 서울형 0세 전담반 지정 급간식비 추가 지원
2024	조선일보 광고 게재(6회, 유보통합, 빨리 보다 제대로!) 유튜브 영상_ '유보통합 실행계획(안), 이대로 괜찮은가?' 제작	형사방어비용 특약보험료 지원 보육도우미 사용자 부담금 지원 동행어린이집 지원 조리원 운영비(30만원) 지원
2025	서울민간어린이집연합회 App 제작 30주년 기념서적「품다」발간 후원물품나눔(영유아용 카시트) '롯데시네마' 보육교직원 초청 무료시사회	외국인 영아 보육료 지원 (본예산으로 편성)

○ 연도별 주요 정책제안

연도	제안내용
2005	민간과 국공립의 표준보육비용 동일화 및 최소한의 유지보수비 보장 민간과 국공립 교사 인건비 동일화 표준보육비용 동일화를 부모부담보육료 동일화보다 우선 시행 → 위 사항 미반영시 보육료 자율화 실시
2006	참보육 실현을 위한 민간기구 설립 지원(아이들이 행복한 보육세상 만들기) 영아반 운영비 확대 지원 및 보육료 현실화 저소득층 차등보육료 차액 지원 민간보육시설 보육교사 처우개선비 확대 보육시설 환경개선비 지원 정례화 유기농 급식 지원 신규시설 인가시 보육수요 파악을 통한 시설난립 예방 기자재 현대화를 위한 기자재 구입비 지원 어린이집도 사회복지시설에 대한 도시가스 요금 감면 대상에 포함
2007	민간보육시설에 대한 보육료 가격규제 철폐 차등보육료 지원 대상 및 금액 대폭 확대 둘째 이후 아동에 대한 보육료 지원 확대 영아 보육료 지원 확대 민간 보육시설 보육교사 처우개선비 확대
2008	서울형 홍보를 위한 민간보육시설 폄하 자제 서울형 교사도 국공립과 동일하게 경력에 따른 호봉 지급 기타 필요경비 10% 대안 마련 서울형 전면 실시 전 시범사업(2개구) 시행 민간보육시설의 특수성을 반영한 제도 보완과 개혁
2009	비서울형 어린이집 교사 인건비 지원 유치원 수준의 환경개선비 지원 어린이집의 운영 자율성 보장

2010	타 시도와 비교를 통한 신규 사업 발굴
	    - 영유아 건강 검진비, 차량운영비, 급식비 추가 지원 등
	민간어린이집에 대한 지원 강화
	    - 보육교사 시간외 수당 지급, 영유아 종합 건강검진 실시, 유기농 급식 지원, 환경개선비 지원(매 3년마다), 교재교구비 상향 조정, 보육시설 현대화를 위한 기자재비 지원
	서울형 제도 개선
	    - 시설장의 호봉 인정 및 퇴직금 지급, 교사 호봉 인정, 39인 이하 및 80인 이상 시설 취사부 인력 지원, 기능보강비 지원, 취약보육에 대한 인건비 100% 지원
	비서울형 어린이집에 대한 대안 마련 → 자율형 민간시설 도입

연도	제안내용
2011	필요경비를 보육료 수입에 포함되도록 재무회계 규칙 개정 수익자 부담금 정산기간을 6개월로 조정 기존 시설은 불량 또는 위험이 아닌 경우 기존의 비상재해대비시설 인정 3,4세 보육료 2만원 인상 보육교사 시간외 수당 및 토요보육수당 신설 특별활동 규제 완화 재료비 수납 허용
2012	보육교직원 휴게시간 보장을 위한 대안 마련 누리반 보육교사 근무환경개선비를 영아반까지 확대 과도한 벌칙조항에 대한 법률 재개정 또는 유예 민간 재무회계 규칙 제정을 위한 사회복지법인 재무회계 규칙 적용 유예 보육사업안내가 아닌 소방법의 스프링클러 설치기준 적용 구간결제 규정 삭제
2013	보육료 차액 지원 일반형 어린이집의 취사부 및 비담임 교사 인건비 지원 부모모니터링단을 부모 체험단으로 변경 운영 민간어린이집에도 방문간호사 확대
2014	보육료 현실화 및 보육료 차액 지원 아동 1인당 보육비용 불균형 해소 보육교사 처우개선 어린이집 및 보육교직원에 대한 가치 홍보 환경개선비 지원금액 상향 국공립 어린이집 확충 방향 전환 (맞춤보육 전담, 민간어린이집의 국공립 전환) 어린이집 인력 지원 확대 보육담당 공무원의 전문성 확보
2015	보육료 차액 지원 비담임교사 및 보육도우미 지원 확대 40인 이하 어린이집 취사부 지원 서울형_ 기타 운영비 사용에 대한 자율성 부여 서울형_ (현원이 아닌) 정원 기준으로 지원 기준 적용 서울형_ 별도의 운영기준 마련(국공립 기준 준용의 한계) 서울형_ 보육교직원 경력 및 호봉 인정범위 개선
2016	일반형 원장 처우개선비 지원 조리원 인건비 지원 조리원 임면 대상 확대(보육도우미) 서울형 공인 평가제도 개선(재평가 지표 개선 및 심의점수 축소) 어린이집 이미지 개선 캠페인 전개

연도	제안내용
2017	일반형 원장 처우개선비 지원 조리원 인건비 지원 서울형 평가제도 개선 어린이집 이미지 개선 캠페인 전개 사용자부담금 지원 서울형 공인 평가제도 개선 평가방법 개선(감점 → 가점) 평가지표 개선 평가배점 개선(기본점수 및 심의점수 축소, 가점 확대) 평가지표 교육 개선(해당연도 대상 → 전체 대상) 서울시가 재공인 평가 업무 직접 담당 재공인 평가 기간 연장(3년 → 5년) 기타 운영비 지원 기준 금액 산정시 당해 연도 보육료 반영
2018	보조교사 4시간 추가 지원 담임교사 2교대 근무제 시행 조리원 인건비 지원 교사 대 아동 비율 축소 서울형_ 서울형 공인기간을 국공립 위탁기간과 동일하게 5년으로 연장
2019	표준보육비용 지원 비담임 인건비 지원 서울형_ 재공인 신청 대상 확대(평가인증 B등급)
2020	미지원시설 조리원 인건비 지원 비담임교사 인건비 지원 사용자부담금 지원
2021	미지원시설 조리원 인건비 지원 비담임교사 인건비 지원 사용자부담금 지원 영아반 운영비 인상 및 유아반 운영비 지원 서울형_ 특수한 상황(코로나19)을 고려한 평가 실시 서울형_ 서울형 재평가 설명회 참가 대상의 확대(당해연도 → 전체)
2022	조리원 인건비 지원 외국인 아동 보육료 지원 입학준비금 지원 서울형_ 조리원 인건비 지원 대상 확대 서울형_ 원장 지원 호봉 방법 개선(재공인 통과시마다 1호봉씩 상향) 서울형_ 운영비 지원 기준(평균 보육료 수입의 10%) 상향

연도	제안내용
2023	교사 대 아동 비율 개선 사업 전면 시행 조리원 인건비 지원 외국인 아동 보육료 지원 서울형_ 컨설팅 형태로의 평가방법 개선
2024	교사 대 아동 비율 개선 사업 전면 시행 반당 운영비 인상, 외국인 아동 보육료 지원 서울형_ 기타운영비율 상한선 인상(10% → 15%) 서울형_ 전문성 및 역량강화 교육 일정 사전 안내제 시행 서울형_ 평가결과 통보 방법 단일화
2025	교사 대 아동 비율 개선 사업 전면 시행 서울형 자연체험 활동비 지원 외국인 아동 보육료 100% 지원 서울형_ 영아반 개설(유지) 인센티브 지급 서울형_ 조리원 인건비 지원 대상 확대

PART 2. 서민련 활동 내용, 제대로 파헤쳐 보기

○ 연합회 주요 성과

1 유아 보육료(서울시 보육료수납한도액) 인상

- 2000년부터 서울시가 표준보육단가(보육료 수납한도액)을 책정함.
  (1999년까지는 보건복지부 장관이 정함)

2000년		2025년		인상액	인상률
연령	보육료	연령	보육료		
2세미만	304,000원	3세	498,300원	350,300원	236.7%
2세	247,000원	4세	477,300원	329,300원	222.5%
3세이상	148,000원	5세	477,300원	329,300원	222.5%

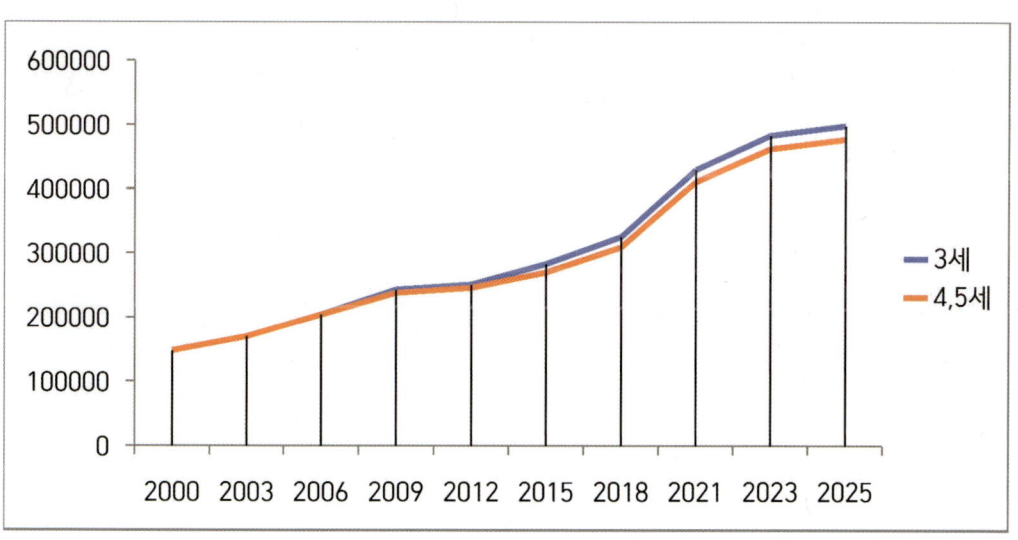

57

2 차액보육료 지원

- 법정저소득층에게만 지원하던 차액보육료를 2015년부터 일반 아동에게까지 확대하여 지원하기 시작하였으며, 2019년부터는 차액보육료의 100%를 지원함.

연도	연령	차액 보육료	지원액	지원율
2015년	3세	63,000원	20,000원	33%
	4·5세	50,000원	17,000원	
2016년	3세	72,000원	24,000원	34%
	4·5세	58,000원	20,000원	
2017년	3세	83,000원	28,000원	33%
	4·5세	68,000원	22,000원	
2018년	3세	105,000원	58,000원	55%
	4·5세	89,000원	49,000원	
2019년	3세	128,000원		100%
	4·5세	111,000원		
2020년	3세	148,800원		100%
	4·5세	130,860원		
2021년	3세	170,000원		100%
	4·5세	151,000원		
2022년	3세	191,600원		100%
	4·5세	171,300원		
2023년	3세	203,400원		100%
	4·5세	182,600원		
2024년	3세	208,300원		100%
	4·5세	187,300원		
2025년	3세	218,300원		100%
	4·5세	197,300원		

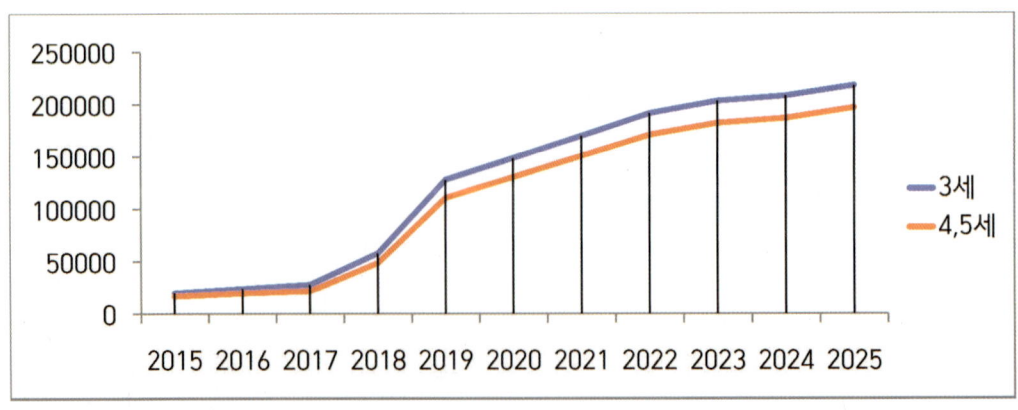

3 반당 운영비 지원

연도	지원내용	비고
2000년	(영아)반당 월 70만원	시설당 3개반까지만 지원 반 현원 100%일 때 지원 개시 (70% 미만 시 지원 중단)
2004년	0세아 월 9만원 1~2세아 월 6만원	영아반 2개반 이상 운영 반 현원 100%일 때 지원 개시 (80% 미만 시 지원 중단)
2005년	0세반 월 20만원 1~2세반 월 15만원	40인 미만 시설은 최대 3개반까지 지원 반 현원 **70%** 이상 지원
2007년	0세반 월 20만원 1~2세반 월 15만원	40인 미만 시설은 최대 3개반까지 지원 반 현원 **50%** 이상 지원
2020년	0세반 월 20만원 1~2세반 월 15만원	40인 미만 시설 지원 제한(최대 3개반) 삭제
2021년	0세반 월 20만원 1~2세반 월 15만원	코로나19로 인한 지원기준 완화 (3월 이후 반 정원충족률이 50% 이상인 경우에는 이후 50% 미만으로 감소해도 다음해 2월까지 계속 지원. 2021. 3. ~ 2023. 2.)
2022년	0세반 월 30만원 1~2세반 월 25만원 3~5세반 월 10만원	반별 지원액의 5만원은 역량강화 활동비로 사용
2025년	0세반 월 30만원 1~2세반 월 25만원 3~5세반 월 10만원	총 반당 운영비의 10% 이내에서 역량강화 활동비로 사용

4 외국인 아동 보육료 지원

연도	지원내용	비고
2022년	외국인 유아 보육료의 50% (운영비 지원)	5개월간 지원
2023년		5개월간 지원
2024년		지원기간 3개월 연장(8개월 지원)
2025년	외국인 영유아 보육료의 50% 지원 (보육료 지원)	본예산으로 편성 지원 대상 확대(유아 → 영유아) 지원 기간 확대(8개월 → 12개월) 지원방법 변경(운영비 → 보육료 지원)

| 5 | 대국민 언론홍보 |

○ 무상보육의 문제점(어린이집 유형별 지원격차_ 지역신문광고 시안 제작 및 배포 ('13. 9.)

○ "유보통합! 빨리 보다 제대로가 답입니다!" 조선일보 신문광고 진행('24. 9. ~ '24. 12.)

〈#1. '24. 9. 27. 금〉

PART 2. 서민련 활동 내용, 제대로 파헤쳐 보기

⟨#2. '24. 10. 28. 월⟩

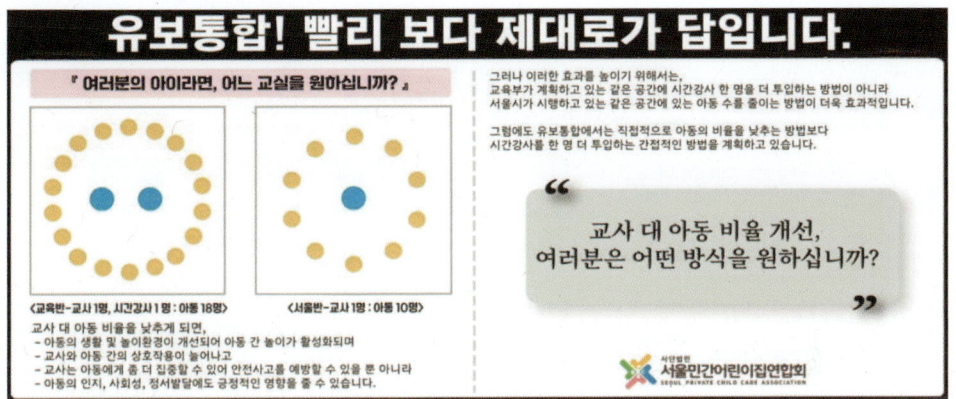

⟨#3. '24. 11. 11. 월⟩

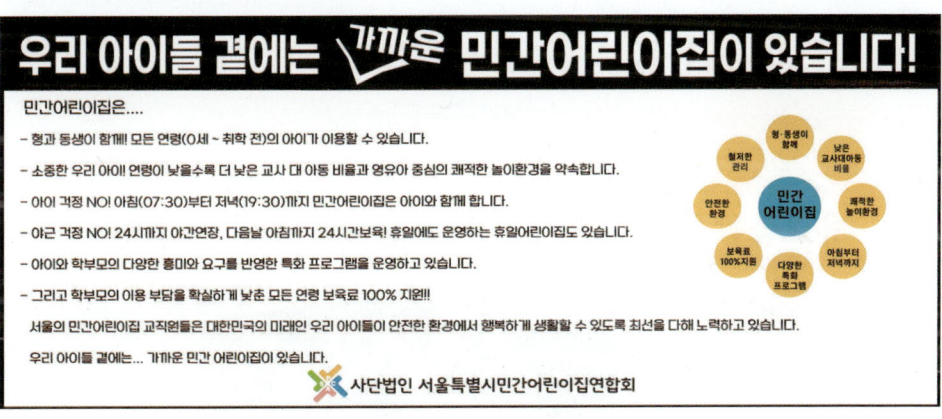

⟨#4. '24. 11. 26. 화⟩

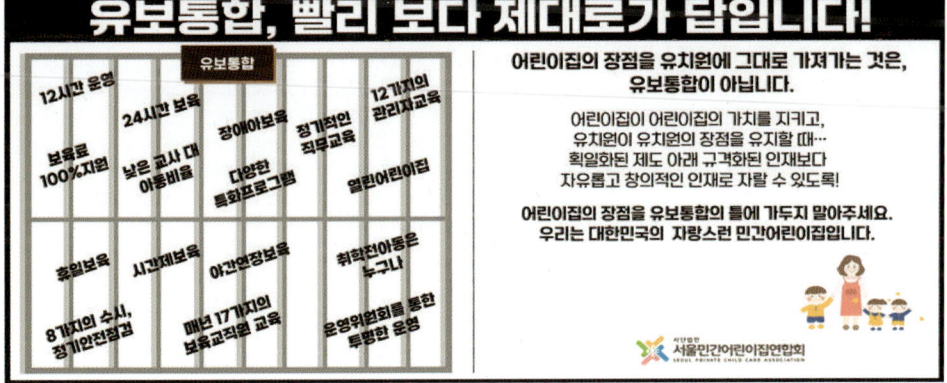

〈#5. '24. 12. 23. 월〉

유보통합, 빨리 보다 제대로가 답입니다!

2012년
대한민국 유아들에게 공평한 기회 보장을 위해 정부가 표준교육과정을 만들었습니다.
어린이집과 유치원에서 똑같이 하고 있는 '누리과정'입니다.

2024년
아이가 행복하고 아이 키우기 좋은 나라를 만들기 위해 정부가 어린이집과 유치원을 하나로 만들겠다고 합니다.
'유보통합'입니다.

유보통합이 되면,
급식비, 교사처우개선비, 반 운영비 등의 지원 차별이 없어지는 줄 알았습니다.
그땐 그렇게 믿었습니다.

그런데 이러한 지원차별에 대해서는 마땅한 대책을 내놓지도 않으면서 오히려 새로운 차별을 만들려고 합니다.
통합을 위해 새로운 자격을 논하고 추가적인 교육이 필요하다고 합니다.
새로운 기준을 해당하니 통합하고 싶으면,
무조건 따라오라고 합니다.

'유보통합'이라는 것이….
획일화를 의미하는 것은 아닐 것입니다.

유보통합이 어린이집·유치원의 통폐합으로 이어져서는 안될 것입니다.
그런데 지금까지의 진행 상황을 보면 이런 우려가 들지 않을 수 없습니다.
어린이집의 유치원화, 그 과정에서 불가피한 어린이집의 질서있는 폐원,
정부는 우리 어린이집을 딱 이 정도로만 생각하는 것 같습니다.

그동안 우리 어린이집이, 보육교사들이 해온 것들은 무엇일까요?

어린이집을 졸업하고 난 후 많은 분이 이야기합니다.
어린이집을 다닐 땐 몰랐다고.
그게 당연한 줄 알았다고.
새삼 감사하다고….

**차이와 차별은 구분되어야 합니다.
통합을 이유로 모든것을 하나로 두지 마세요.
우리는 자랑스러운
보육인, 민간어린이집입니다.**

서울민간어린이집연합회

〈조선일보_ '24. 12. 19. 목〉

"유보통합 앞서, 교사대 아동비율 축소 우선 해결돼야"
〈영유아 교육·보육 체계 일원화〉

서울특별시민간어린이집연합회

서울특별시민간어린이집연합회(회장 전양숙·이하 연합회)가 남다른 행보로 주목받고 있다. 연합회는 현 정부의 주요 국정 과제인 '유보통합(영유아 교육과 보육 체계 일원화)'과 관련해 공개적으로 목소리를 높이고 있다. 연합회는 △운영시간 단일화보다 보육교사 처우개선 우선 △추가 인력 투입이 아닌 아동 수 축소를 통한 교사 대 아동 비율 개선 △입소·입학 창구 단일화보다 입소·입학 기준부터 통일 등을 요구하고 있다.

연합회는 유보통합과 더불어 민간어린이집의 장점을 부각하기 위해 노력하고 있다. 연합회는 "민간어린이집은 유치원이나 국공립과 차별화되는 경쟁력을 가지고 있지만, 이에 대한 홍보가 제대로 이루어지지 않고 있다"고 설명했다.

민간어린이집 장점은 아이와 학부모의 흥미·요구를 반영한 특화 프로그램 운영이다. 어린이집은 유치원에 비해 길게 운영(오전 7시 30분~오후 7시 30분)된다. 그렇기 때문에 공통인 누리과정 이후의 오후 일과 시간 구성이 매우 중요하다. 민간어린이집은 오후 일과를 아이와 학부모의 다양한 흥미·요구를 반영한 특화 프로그램으로 구성하고 있다. 더불어 모든 연령(0세~취학 전)의 아동이 이용할 수 있어 형제·자매도 함께 다닐 수 있다. 서울시가 차액 보육료 100%를 지원해 추가 보육료 부담 또한 없다.

저출산으로 폐원하는 어린이집이 느는 가운데, 서울시가 동행어린이집 등 폐원 위기 어린이집에 대한 지원 방안을 마련하고 있다. 연합회에 따르면 이 역시 어린이집 폐원율을 낮추기에는 한계가 있다. 연합회는 "전면적으로 '교사 대 아동 비율 개선 사업' 시행을 요구하는 이유가 바로 이 때문이다"라며 "2025년에 대한민국 미래를 짊어질 건강한 아이들 울음소리가 끊이지 않고 울려 퍼질 수 있도록, 한층 발전된 보육·교육 정책이 시행되길 기대한다"고 전했다.

문미영 객원기자

서울특별시민간어린이집연합회 제공
서울특별시민간어린이집연합회는 유보통합과 더불어 민간어린이집의 장점을 부각하기 위해 노력하고 있다.

6 민간어린이집 홍보물 제작 및 배포

○ 2010년 민간어린이집 홍보용 리플렛   ○ 2012년 민간어린이집 홍보용 리플렛

○ 2012년 원아모집 포스터

○ 2013년 누리과정 홍보용 리플렛   ○ 2015년 원아모집 포스터

○ 2015년 이미지 개선 전단지

PART 2. 서민련 활동 내용, 제대로 파헤쳐 보기

○ 2016년 원아모집 현수막 및 포스터

○ 2017년 원아모집 현수막 및 포스터

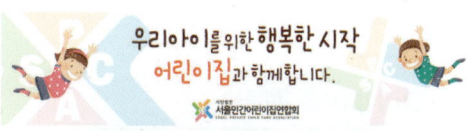

○ 2022년 원아모집 현수막 및 포스터

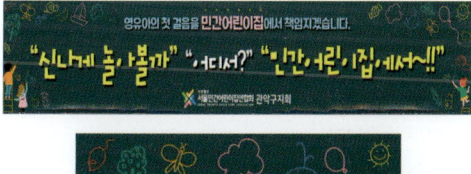
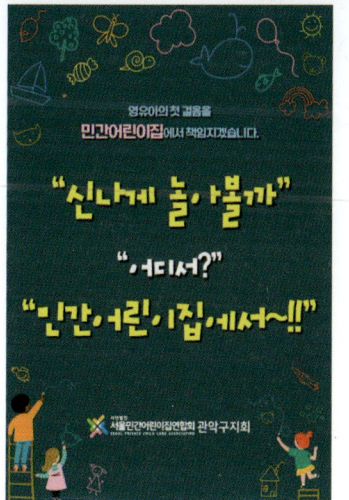

○ 2023년 유보통합 홍보용 리플렛

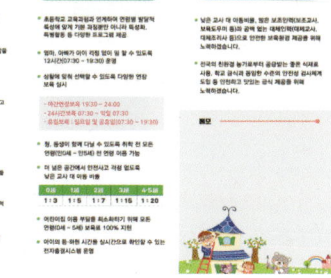

○ 2024년 민간어린이집 홍보 포스터   ○ 2025년 원아모집 포스터

| 7 | 주요 연구활동 |

○ 『적정보육비 산정을 위한 서울시 민간보육시설 운영 및 재정 현황 연구』
- 연구자 : 서울신학대학교 보육학과 백혜리 교수
- 연구기간 : 2005. 10. 25. ~ 2005. 11. 15.
- 연구방법 : 문헌연구 및 서울소재 민간어린이집 845개소 대상 설문조사
- 설문조사 결과

    1) 설립시기 : 1991년 이전(5.3%), 1995~1997년[1](36.1%)
    2) 정부지원 유무 : 없음(83.4%), 있음(26.6%)
    3) 입주장소 : 상가(46.5%), 단독건물(29.2%)
    4) 입주형태 : 월세(59.0%), 자가(29.9%), 전세(8.8%)
    5) 보육실 위치 : 반지하(2.8%) 1층(45.9%), 2층(56.2%), 3층(15.9%), 4층이상(2.6%)
    6) 월 임대료 : 100만원 이하(37.4%), 200만원 이하(45.1%)
    7) 정원규모 : 39인 이하(58.1%), 49인 이하(8.8%), 59인 이하(8.9%)
    8) 복수운영 여부 : 한 곳 운영(38.9%), 복수 운영(61.0%)
    9) 보육교사 인원 : 2명(12.1%), 3~6명(55.1%)
    10) 보육료 수납액 : 적게 수납(34.1%), 동일 수납(49.7%), 초과 수납(16.2%)
    11) 보육료 미납아동 여부 : 있음 65.2% (영아 36.1%, 유아 70.1%)
    12) 미납 보육료 액수 : 200만원 미만(21.2%), 300만원 미만(17.1%), 400만원 미만(22.3%), 500만원 미만(8.8%), 500만원 이상(21.6%)
    13) 차등 보육료 수납 현황 : 수납한다(60.0%), 수납하지 않는다(23.1%)
    14) 운영위원회 설치 필요성 : 필요하다(50.4%), 필요없다(39.1%)
    15) 평가인증제 필요성 : 필요하다(80.3%), 필요없다(16.8%)
    16) 평가인증제 참가 의사 : 없음(69.6%)
    17) 평가인증제 불참 이유 : 시설 문제(60.4%), 비용 문제(18.0%), 평가지표 문제(12.6%), 평가방법 문제(14.6%)
    18) 아동별 지원 확대 : 찬성(73.7%), 반대(7.8%)
    19) 서울시 표준보육료 : 낮다(68.9%), 적당하다(21.5%)
    20) 보육료 자율화 : 찬성(38.3%), 반대(37.5%)

---

[1] 보육시설 확충 3개년 계획(1995~1997)

- 연구결과 및 정책제언
  - 표준보육단가를 현실화하여 재산정해야 한다.(보육료 자율화보다 표준보육료 현실화가 합리적인 선택이다)
  - 표준보육단가 산정 시 임대료나 전세금, 개보수비, 교직원 현실적 급여 책정이 반영되어야 한다.
  - 미납 보육료 발생을 예방할 수 있는 대책 방안이 마련되어야 한다.
  - 보육정책에 대한 중앙정부(거시적, 장기적)와 지방정부(개별적, 즉각적)의 차별화된 정책제시가 필요하다.

○ 『서울시 보육시설의 재정운영에 관한 연구』
- 연구기관 : 한국여성정책연구원
- 연구자 : 유희정 연구위원, 강민정 전문연구원
- 연구기간 : 2009. 3. 19. ~ 2009. 7. 18.
- 연구방법 : 문헌연구 및 서울소재 어린이집 512개소 대상 설문조사
- 설문조사 결과
  1) 시설유형(개소) : 민간 232, 가정 69, 국공립 167, 법인 25, 직장 17, 부모협동 2
  2) 시설규모(개소) : 1~19인 76, 20~39인 123, 40~99인 255, 100인 이상 59
  3) 시설유형별 영유아 1인당 월평균 수입
     : 민간 514,000원, 가정 529,200원, 국공립 723,600원, 직장 713,100원, 법인 709,900원
  4) 시설유형별 영유아 1인당 월평균 지출
     : 민간 435,500원, 가정 535,000원, 국공립 697,400원, 직장 646,700원, 법인 811,200원
  5) 월평균 영유아 1인당 수입 대비 지출(시설유형별)
     : 민간 84.4%, 가정 101.1%, 국공립 96.4%, 법인 114.3%, 직장 90.6%
  6) 월평균 영유아 1인당 수입 대비 지출(시설규모별)
     : 1~19인 101.2%, 20~39인 85.5%, 40~99인 92.3%, 100인 이상 99.7%
- 연구결과 및 정책제언
  - 서울형으로 전환시 영유아 1인당 비용 변화

규모	인건비 미지원	서울형	보육비용 증액분
50인	15,864,000	17,240,194	1,376,194
77인	23,354,00	25,432,792	2,078,792
97인	29,529,000	32,249,702	2,720,702
124인	37,019,000	40,442,603	3,423,603
142인	42,863,000	46,723,814	3,860,814

→ 보육시설의 규모가 커질수록 서울형어린이집으로 전환 시 수입 증가분이 커진다.

- 민간 보육시설이 서울형 어린이집으로 운영할 경우 발생하는
  1. 호봉제 도입에 따른 인건비 상승
  2. 변칙적으로 지출되었던 임대료 부분에 대한 해결 방안
  3. 자가시설에 대한 투입 자산 대비 이익 산출 등에 대한 논의가 필요함.
- 국공립 보육시설과 동일한 시설 개보수비용 지원
- 비서울형 어린이집에 대한 재정구조 정상화 방안과 구조적으로 서울형 진입이 불가능한 어린이집 운영에 대한 논의가 필요함.

8 토론회 주최

○ 1997. 9.   서울시 민간 보육시설의 실태조사 분석발표 및 보육의 질 제고를
              위한 공청회

○ 2007. 11.   영유아보육법상 위임입법의 한계와 민간시설의 대응방향 모색 토론회

○ 2008. 11.   '서울형 어린이집'에 대한 토론회

○ 2011. 6.   서울시 민간 보육서비스 수준 향상을 위한 토론회
              《보육교사의 처우 및 근무실태 개선》

○ 2013. 1.   무상보육과 누리과정 도입에 따른
              《서울시 민간어린이집 운영 개선을 위한 토론회 – 비서울형 어린이집
              1,577개소를 중심으로》

○ 2013. 11.   모든 아동과 보육교직원이 동일한 환경에서 공정한 혜택을 받을 수
              있는 보육 환경 조성을 위한 《보육정책 토론회》

○ 2014. 5.   제36대 서울시장 후보 초청 정책회
              《보육 정책과 현실 차이 현장에서 그 답을 찾다》

○ 2021. 6.   보육의 공공성 강화를 위한 토론회
              《미지원시설 보육교사 호봉제 도입을 위한 지원체계 개선》

○ 2023. 8.   오산대학교 공병호 교수와 함께하는
              《주요 유형별 현안을 통해 알아보는 유보통합 좌담회》

9 보육교직원 교육

○ 2005년
- 건강·영양·안전 및 시설운영관리 교육
- 서울시 보육시설 서비스평가를 위한 사전교육

○ 2006년
- 보육교사 교육 "어린이날·어버이날 행사 준비하기"
- 보육교사 대상 "어린이집 탐방 교육"
- 보육교사 교육 "지끈 공예"
- 보육교사 교육 "성탄절을 위한 즐거운 책 만들기"

○ 2007년
- 보육교사 교육 "표준보육과정과 교사의 역할"
- 시설장 재무회계 교육
- 시설장 교육 "유아 리더쉽교육과 기관장의 역할"

○ 2008년
- 시설장 교육 "믿음체계 - 우리의 삶을 창조하거나 파괴하는 힘"

○ 2009년
- 신학기 교사 교육
- 시설장 재무회계 교육
- 보육교사 교육 "바람직한 이야기 나누기의 이론과 실제"

○ 2010년
- 시설장 재무회계교육
- 보육교사 교육 "교사의 자질 및 인성교육", "창의력 개발에 미치는 교사의 역할"
- 시설장 교육 "근로계약서와 취업규칙 작성 요령"
- 보육교사 교육 "아동학대 예방과 치료"
- 보육교사 교육 "성교육 및 안전사고 교육"
- 부모교육 "영유아 안전사고 예방 및 응급처치 교육"
- 시설장 교육 "서울형 어린이집 평가인증 지표 교육"

○ 2011년
- 보육교사 교육 "평가인증 지표 내 보육교사 상호작용 및 소양교육"
- 시설장 교육 "아동학대 바로 알기"

○ 2012년
- 시설장 재무회계 교육
- 시설장 교육 "행정처분 및 행정소송 대처 요령"

○ 2014년
- 원장 교육 "보육정책의 흐름과 진단"
- 보육교직원 필수 안전교육
  (응급처치, 아동학대, 성폭력예방, 직장내 성희롱)
- 원장 교육 "서울형 어린이집 재평가 지표 교육"
- 원장 재무회계 교육

○ 2015년
- 보육교직원 안전교육
  "5대 의무교육 및 성폭력 · 성희롱 교육"
- 원장 교육 "원장이 알면 평가인증 답이 보인다"
- 원장 교육 "서울형 어린이집 신규 및 재평가 지표 교육"
- 보육교직원 아동학대 예방교육
  "보육교직원 스트레스 인자와 아동과의 지혜로운 소통",
  "보육교사 인성 및 영유아 인권 감수성 교육"
- 원장 인사노무 교육
- 원장 회계교육 "추가경정예산 및 결산"
- 일반형 어린이집의 재무회계규칙 교육

○ 2016년
- 원장 회계교육 "추가경정예산 및 결산"
- 보육교직원 안전교육 "5대 의무교육 및 성폭력 · 성희롱 교육"
- 서울형 어린이집 재평가 지표 교육
- 서울형 선임교사 교육
- 전체 회원 교육 "CCTV 지도점검 및 보육현안",
  "어린이집 운영자가 알아야 할 기본법률", "서울시 보육정책",
  "보육종사자들을 중심으로 발생하는 법적 쟁점"

○ 2017년
- 원장 예산편성 교육
- 보육교직원 안전교육 "5대 의무교육 및 성폭력 · 성희롱 교육"
- 아동인권 선임교사 교육
- 서울형 어린이집 재무회계교육
- 서울형 어린이집 지표 교육
- 법률교육 "어린이집 인사·노무", "어린이집 아동학대·CCTV"

○ 2018년
- 어린이집 예·결산 교육
- 보육교직원 안전교육 "5대 의무교육 및 성폭력 · 성희롱 교육"
- 평가인증 통합지표(3차) 교육
- 서울형 어린이집 재평가 교육
- 서울형 어린이집 회계 교육
- 어린이집 노무관리 실무교육

○ 2019년
- 어린이집 예·결산 교육
- 보육교직원 안전교육 "5대 의무교육 및 성폭력 · 성희롱 교육"
- 서울형 어린이집 재평가 교육
- 법률교육 "글씨체(윤서체 등) 저작권법 교육"
- 안심보육 회계컨설팅 교육

○ 2020년
- 서울형 어린이집 재평가 교육

○ 2021년
- 서울형 어린이집 재평가 교육

○ 2022년
- 서울형 어린이집 재평가 교육

○ 2024년
- 법률교육 "어린이집 운영자의 법률 상담 유형들에 대한 이해"
- 역량강화 교육 "마음의 형태_ 꽃 같은 말을 전할 수 있도록"

○ 2025년
- 역량강화 교육 "초보자도 배울 수 있는 캔바"
- 역량강화 교육 "보육교사의 역량과 영유아의 이해"
- 역량강화 교육 "어린이집에서의 챗GPT 활용 실무"
- 역량강화 교육 "영유아기 뇌발달과 놀이경험의 중요성"
- 역량강화 교육 "부모의 진심을 읽어내는 공감 대화법"

10 공모전 개최

○ 2018 서울 국제 교육·보육 콘텐츠 어워즈

공모분야 : 프로그램 및 사진
일시 : 2018. 11. 22.(목) 15:00~16:30
장소 : 코엑스 1층 Hall B
공동주최 : 세계전람, 사단법인 서울특별시민간어린이집연합회
시상

구분	우수보육프로그램		우수보육사진	
대상	1명	100만원	1명	200만원 상당
최우수	3명	각 50만원	2명	각 100만원 상당
우수	5명	각 30만원	3명	각 30만원 상당
장려	5명	각 10만원	·	

수상자 명단(프로그램 부문)

구분	제 목	지 회	어린이집 명
대상	푸르디 푸른 자연놀이	광진구	동성
최우수상	놀자_ 영유아가 즐겁게 놀이하며 자율성이 발달하는 어린이집	강동구	오륜레인보우
	최고의 나눔 비결	성동구	신영창의
	숲을 품은 아이들	양천구	강성
우수상	온 몸을 즐겁게 Touch! Touch! Touch!	강남구	강남사임당
	만2세반 영아를 위한 실외전통놀이 개발과 효과	광진구	신예지
	'치아'를 주제로 한 프로젝트	광진구	예일
	열린어린이집으로 학부모님의 마음을 열어요	금천구	천사마을
	생각하는 허수아비	송파구	열린사랑

PART 2. 서민련 활동 내용, 제대로 파헤쳐 보기

수상자 명단(사진 부문)

구분	제 목	지 회	어린이집 명
대상	친구야! 이거 땅콩 맞아?	은평구	숲속키즈나라
최우수상	우리는 숲 속의 요리사	동작구	중앙몬테소리
	먹골&환경수비대	중랑구	하늘숲
우수상	시원한 여름	강북구	삼성
	앗! 이런?	금천구	믿음
	알록달록 꽃보다 예쁜 소망반 친구들	서대문구	하람

○ 제1회 영상공모전_ 인성 공감 프로젝트 "사랑해, 행복해, 감사해"

공모분야 : 3분 이내 동영상
일시 : 2023. 12. 6.(수) 15:00 ~ 17:00
장소 : 아라김포여객터미널
주최 : 사단법인 서울특별시민간어린이집연합회
후원 : 마이에듀 교사자람, 사단법인 한국보육교육협회

시상

구분		시상 내역
대상	1명	100만원
최우수상	2명	각 70만원
우수상	3명	각 50만원
장려상	4명	각 30만원
마이에듀 교사자람상	5명	각 10만원
참가상	전원	커피 상품권(1만원)

수상자 명단

구 분	제 목	지 회	어린이집 명
대 상	감사는 표현하는 거야~	동작구	신영
최우수상	어린이집이 있어서 "사랑해·행복해·감사해"	영등포구	신대림
	사랑반 친구들의 "함께라서 행복해"	용산구	꿈밭
우 수 상	같이 가치 있는 하루	강서구	숲속나라
	숲에서 노는 아이들	강서구	아이큰숲 자연학교
	바르게 인사해요	서대문구	하람
장 려 상	사랑해·행복해·감사해	광진구	동성
	놀이로 크는 인성 이야기!	영등포구	남서울교회부설 꿈이있는
	미덕의 언어로 사랑을 나눠요	은평구	샘물퐁퐁
	우리들의 감사행!	은평구	숲속키즈나라
마이에듀 교사자람상	해피엔젤의 하루	강서구	해피엔젤
	슬기로운 공감생활	도봉구	유유
	바른 아이 생각 키우기	성동구	꿈터
	한별이들이 생각하는 배려	은평구	세종
	엄마, 아빠 사랑해요	은평구	은평중앙

PART 2. 서민련 활동 내용, 제대로 파헤쳐 보기

감사는 표현하는거야

사랑해 행복해 감사해

함께라서 행복해

○ 제2회 영상공모전_ 인지 정서 발달 프로젝트 "잘 노는 아이, 유능한 아이"

공모분야 : 30초 ~ 1분 이내 동영상
일시 : 2024. 12. 4.(수) 19:30 ~ 21:00
장소 : 프레스센터 20F 프레스클럽
주최 : 사단법인 서울특별시민간어린이집연합회
후원 : 마이에듀 교사자람, 사단법인 한국보육교육협회

시상

구분		시상 내역
대상	1명	100만원
최우수상	2명	각 70만원
우수상	3명	각 50만원
장려상	4명	각 30만원
마이에듀 교사자람상	5명	각 10만원

수상자 명단

구 분	제 목	지 회	어린이집 명
대 상	기쁨 물들이기	영등포구	강성어린이스쿨
최우수상	휴지랑 놀아요	동대문구	성은
	토이월드	은평구	은평중앙
우 수 상	아이들이 만드는 자동차 세계	구로구	현경
	거미줄 놀이	성동구	별초롱
	캠핑놀이를 통한 정서 발달	양천구	정원
장 려 상	인지, 정서, 신체 강화 프로그램	구로구	본동
	등원거부를 하는 영유아의 놀이사례	성북구	장위
	열려라 풍풍!	은평구	샘물풍풍
	트라우마를 극복하는 긍정메세지	은평구	숲속키즈나라
마이에듀 교사자람상	느낌이 낯설어요	동대문구	중앙삐아제
	모래놀이를 통한 정서 인지발달	동대문구	포르테몬테소리
	2024 토마토 오감놀이 인지정서 지원	동작구	미래연
	브레인터치송	송파구	리틀짐
	숲 속의 요리사	용산구	효창

PART 2. 서민련 활동 내용, 제대로 파헤쳐 보기

기쁨 물들이기

토이 월드

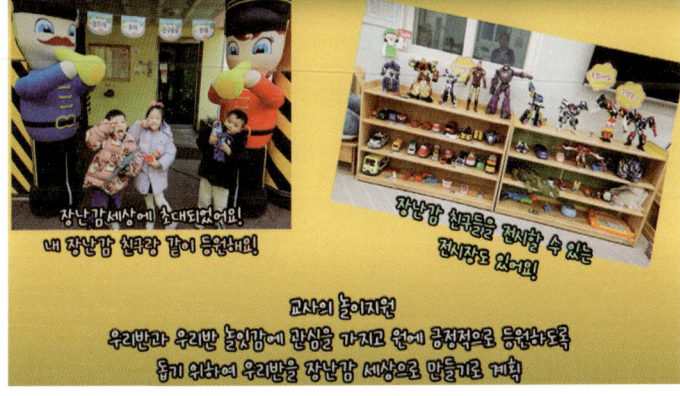

휴지랑 놀아요

○ 제3회 영상공모전_ "나의 30년, 우리의 30년"

공모분야 : 1분 이내 동영상 및 사진
일시 : 2025. 12. 3.(수) 16:00 ~ 20:00
장소 : Peace & Park 컨벤션 1F 파크홀
주최 : 사단법인 서울특별시민간어린이집연합회
후원 : 마이에듀 교사자람, 사단법인 한국보육교육협회

시상

구분	시상 내역	
대상	1명	100만원
최우수상	2명	영상 70만원, 사진 50만원
우수상	4명	영상 50만원, 사진 30만원
마이에듀 교사자람상	6명	영상 20만원, 사진 10만원

수상자 명단

구 분	분 야	제 목	지 회	어린이집 명
대 상	영상	그때도 지금도 아이들과 함께	성동구	튼튼베아제
최우수상	영상	세월은 흘렀어도 선생님과 우리는 놀이 친구	성동구	꿈터
	사진	50년을 이어온 해든어린이집	광진구	해든
우 수 상	영상	나의 30년, 우리의 30년	도봉구	신세인
	영상	나와 함께 했던 사람들	성북구	열매
	사진	아이들의 웃음 속에 흐른 나의 시간	동작구	삼성숲
마이에듀 교사자람상	영상	오늘의 꿈, 30년 후의 이야기	구로구	본동
	영상	37년째 같은 동네에서 어린이집을 하면 생기는 일	동작구	예일
	사진	30년 전 그날, 그대로입니다	은평구	우림

PART 2. 서민련 활동 내용, 제대로 파헤쳐 보기

그때도 지금도...

우리는 놀이 친구

사단법인 서울특별시민간어린이집연합회 창립 30주년 『품다』

우리의 30년

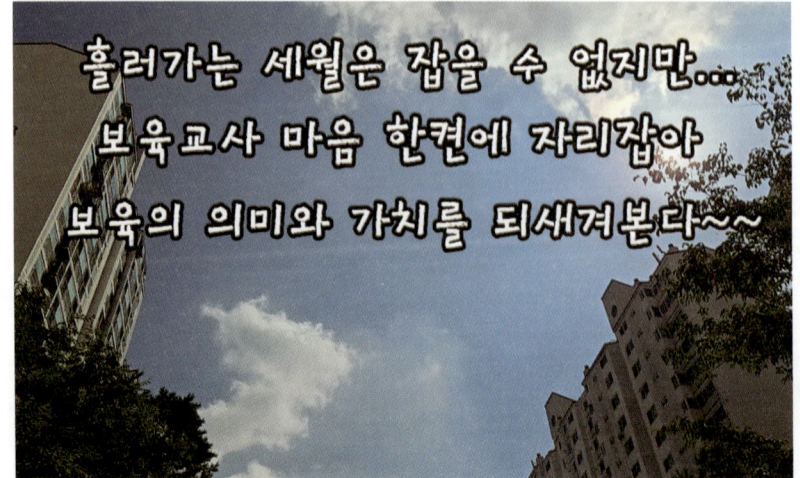

함께 했던 사람들

PART 2. 서민련 활동 내용, 제대로 파헤쳐 보기

83

사단법인 서울특별시민간어린이집연합회 창립 30주년 『품다』

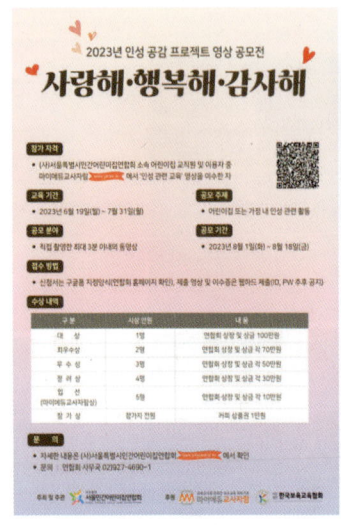
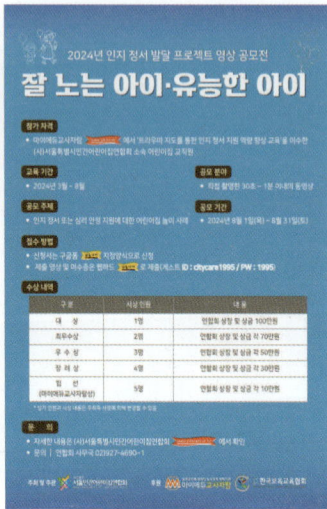
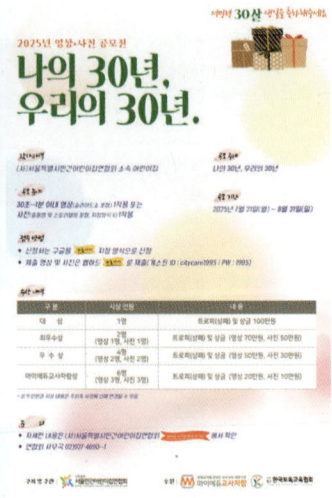

11 우수지회 시상

연도	최우수지회
2015	마포구지회
2016	구로구지회
2017	구로구지회
2018	금천구지회
2019	금천구지회
2020	관악구지회
2021	관악구지회
2022	금천구지회
2023	구로구지회
2024	금천구지회

PART 2. 서민련 활동 내용, 제대로 파헤쳐 보기

12 주요 행사사진 모음

○ 말에 신념과 기대가 더해질 때, 토론회 및 간담회

▲ 2009. 7. 서울시 보육료 현실화 공개 토론회(서울시의회)

▲ 2011. 6. 보육교사 처우 및 근무실태 개선 토론회(서울시의회)

87

▲ 2013. 1. 서울시 민간어린이집 운영 개선 토론회(서울시의회)

▲ 2013. 7. 서울시장 간담회(서울시청)

PART 2. 서민련 활동 내용, 제대로 파헤쳐 보기

▲ 2013. 11. 보육정책 토론회(서울시의회)

▲ 2014. 6. 서울시장 후보 초청 청책회(우리은행 본점)

▲ 2015. 5. 서울시 조현옥 여성가족정책실장 간담회(서울시청)

▲ 2016. 5. 옥시제품 불매 및 무해제품 활용 토론회(서민련)

PART 2. 서민련 활동 내용, 제대로 파헤쳐 보기

▲ 2017. 6. 서울시 김종욱 정무부시장 간담회(서울시청)

▲ 2017. 6. 서울시의회 박양숙 보건복지위원장 간담회(서울시의회 의원회관)

▲ 2018. 11. 서울고용노동청 간담회(서울고용노동청)

▲ 2019. 4. 서울시의회 김혜련 보건복지위원장 간담회(서울시의회 의원회관)

PART 2. 서민련 활동 내용, 제대로 파헤쳐 보기

▲ 2020. 8. 국회 한정애 보건복지위원장 간담회(국회 본관)

▲ 2021. 6. 보육의 공공성 강화를 위한 토론회(서울시의회 의원회관)

◀ 2021. 4. 서울시장 후보 정책 건의서 전달(여의도 이룸센터)

◀ 2021. 5. 오세훈 서울시장 간담회(서울시청)

◀ 2021. 10. 서울시의회 김인호 의장 간담회(서울시의회)

PART 2. 서민련 활동 내용, 제대로 파헤쳐 보기

▲ 2021. 11. 국회 예산결산특별위원회 정태호 의원 간담회(국회 의원회관)

▲ 2022. 8. 서울시의회 김현기 의장 간담회(서울시의회)

▲ 2022. 11. 서울시의회 예산결산특별위원회 최기찬 의원 간담회(서울시의회 의원회관)

▲ 2022. 11. 국회 교육위원회 김영호 간사 간담회(서대문구)

▲ 2023. 5. 국회 보건복지위원회 한정애 의원 간담회(국회 의원회관)

▲ 2023. 6. 한국영유아보육학회 춘계학술대회(전남 목포)

PART 2. 서민련 활동 내용, 제대로 파헤쳐 보기

▲ 2023. 8. 유보통합 좌담회(서울시여성가족재단)

▲ 2024. 1. 서울시의회 강석주 보건복지위원장 간담회(서울시의회 의원회관)

▲ 2024. 4. 유보통합 토론회(서울시의회)

▲ 2024. 6. 한국영유아보육학회 춘계학술대회(부산)

▲ 2024. 11. 유보통합 토론회(국회 도서관)

PART 2. 서민련 활동 내용, 제대로 파헤쳐 보기

○ 인내심이 다하고 간절함이 더해지는 순간, 집회 및 시위

▲ 2006. 11. 재무회계규칙 폐지 및 보육교사 처우개선(여의도공원)

▲ 2007. 11. 담임수당 지급 및 재무회계규칙 개정(광화문 일대)

◀ 2007. 11. 담임수당 지급 및
재무회계규칙 개정(광화문 청사)

▲ 2010. 12. 어린이집 8시간 운영 및 보육료 현실화(여의도공원)

▲ 2012. 2. 보육교사 처우개선, 보육료 현실화 및 규제완화(종로 보신각)

▲ 2012. 2. 과도한 규제 철폐 및 보육교사 처우개선(종로구 원서공원)

PART 2. 서민련 활동 내용, 제대로 파헤쳐 보기

▲ 2012. 2. 보육료 현실화 1인 시위(서울시청 앞)

▲ 2013. 12. 보육료 현실화 및 재무회계 별도 제정(서울역 광장)

▲ 2015. 12. 누리과정 예산편성 촉구 집회(서울시의원회관 앞)

▲ 2015. 12. 누리과정 예산편성 촉구 집회(서울시의원회관 앞)

▲ 2016. 2. 서울시보육정책위원회_ 보육료 현실화(서울시청)

▲ 2016. 5. 맞춤형 보육 반대 단식 농성(국회 앞)

PART 2. 서민련 활동 내용, 제대로 파헤쳐 보기

▲ 2016. 5. 맞춤형 보육 반대 집회(서울시청 앞 광장)

▲ 2016. 5. 맞춤형 보육 반대 집회(서울시청 앞 광장)

▲ 2016. 6. 맞춤형 보육 반대 피켓 시위(강북 문화예술회관)

▲ 2018. 6. 보육교사 휴게시간 보장을 위한 대책 촉구 기자회견(프레스센터)

▲ 2019. 3. 보육교직원 처우개선 및 보육료 현실화 집회(국회 앞)

PART 2. 서민련 활동 내용, 제대로 파헤쳐 보기

▲ 2020. 7. 단설유치원 설립 반대 시위
(서울시교육청)

▲ 2022. 2. 외국인아동 보육료 지원 요청
(서울시의회 본관 앞)

▲ 2022. 8. 5세 초등취학 학제개편 반대
(용산 대통령실 앞)

▲ 2023. 9. 교권 보호 결의대회
(세종청사 보건복지부)

▲ 2023. 12. 보육예산 편성촉구 피켓시위(서울시의회 의원회관)

▲ 2024. 12. 유보통합 공청회 반대 시위(한국교원대학교)

PART 2. 서민련 활동 내용, 제대로 파헤쳐 보기

○ 같이 사는 세상 · 가치 있는 세상, 나눔과 후원

◀ 2010. 9. 환아 치료비 및 수술비 지원(초록우산)

◀ 2010. 12. 돌잔치 및 치료비 후원(함께하는 사랑밭)

◀ 2011. 8. 작은손 큰사랑 모금운동(동대문구청)

▲ 2011. 9. 다문화가족축제(롯데월드)

▲ 2011. 12. 희망온돌 프로젝트 성금 전달(서울 사회복지공동모금회)

▲ 2012. 12. 희망온돌 프로젝트 성금 전달(서울 사회복지공동모금회)

PART 2. 서민련 활동 내용, 제대로 파헤쳐 보기

▲ 2023. 1. 나눔의 쌀 전달식(등촌9종합사회복지관)

▲ 2025. 4. 돌담길 바자회(덕수궁 돌담길)

○ 보육에 깊이가 더해지는 순간, 교육과 협약

▲ 2009. 10. 교사교육(강남역 미림타워)

▲ 2011. 10. 원장교육(한국여성정책연구원)

PART 2. 서민련 활동 내용, 제대로 파헤쳐 보기

▲ 2012. 6. 안전교육협약식(서울 웨스턴 조선호텔)

▲ 2015. 2. 아동학대 예방교육(서울시청 후생동)

▲ 2015. 4. 5대 의무교육(서대문구청)

◀ 2015. 5. 서울형 재공인 설명회
(서울시육아종합지원센터)

▶ 2015. 7. 생활안전연합
MOU 체결식(생활안전연합)

▲ 2015. 7. 평가인증교육(서민련)

▲ 2015. 12. 일반형 어린이집
설명회(종로구민회관)

PART 2. 서민련 활동 내용, 제대로 파헤쳐 보기

◀ 2016. 5. 서울형 재공인 평가 지표 교육
　　(서울시육아종합지원센터)

▶ 2016. 10. 보육정책 설명회
　　(마포구청)

▲ 2016. 12. IOT 서비스 구축 협약식(서민련)

▲ 2017. 3. 관리동어린이집 현안 설명회(중구청)

▲ 2017. 5. 5대 의무교육(금천구청)

▲ 2017. 7. 재무회계 교육(종로구민회관)

PART 2. 서민련 활동 내용, 제대로 파헤쳐 보기

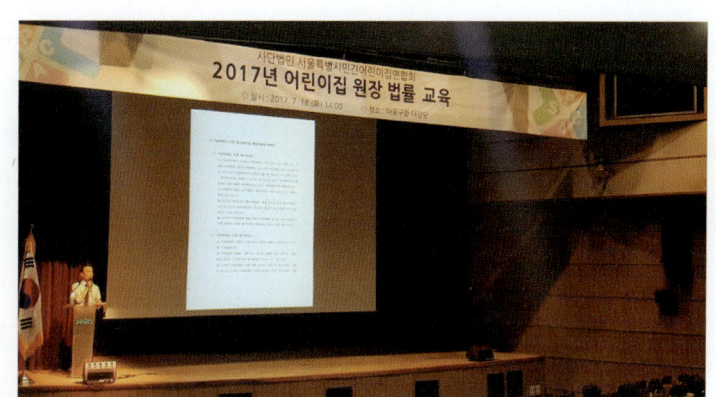

▶ 2017. 7. 원장 법률 교육(마포구청)

◀ 2018. 2. 예결산교육(서울복지타운)

▶ 2018. 4. 5대 의무교육(성동구청)

▲ 2018. 5. 노무관리 실무교육(서울시립성동청소년수련관)

▲ 2018. 11. 서울 국제 교육·보육 콘텐츠 어워즈(코엑스)

PART 2. 서민련 활동 내용, 제대로 파헤쳐 보기

◀ 2019. 2. 예결산 교육
(서울복지타운)

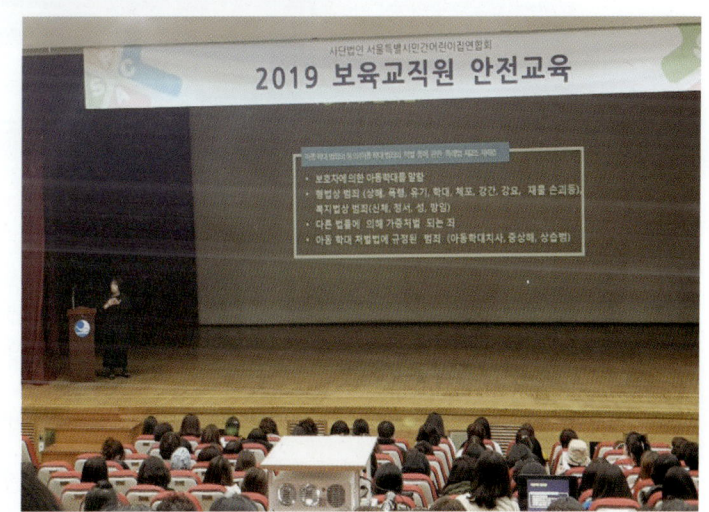

▶ 2019. 3. 보육교직원
안전교육(동작구청)

◀ 2020. 5. 서울형어린이집
지표 설명회(서울복지타운)

▲ 2022. 1. 서울형어린이집 재공인 컨설팅(여의도 이룸센터)

▲ 2022. 6. 서울형어린이집 재공인 평가지표 교육(여의도 이룸센터)

▲ 2024. 4. 친환경쌀 공급 업무계약(전남 담양)

PART 2. 서민련 활동 내용, 제대로 파헤쳐 보기

○ 더 넓은 세상을 향한 발걸음... 국내외 연수

▲ 2008. 5. 확대임원연수(충남 서천 서울시 연수원)

▲ 2008. 5. 확대임원연수(충남 서천 서울시 연수원)

▲ 2010. 4. 해외선진지연수(싱가폴)

▲ 2011. 8. 해외연수(태국 푸켓)

PART 2. 서민련 활동 내용, 제대로 파헤쳐 보기

▲ 2015. 4. 상반기 확대임원연수(IBK 기업은행 충주연수원)

▲ 2015. 6. 해외 선진지 연수(영국)

▲ 2016. 5. 상반기 확대임원연수(강원도 정선)

▲ 2016. 11. 하반기 확대임원연수(춘천 남이섬)

PART 2. 서민련 활동 내용, 제대로 파헤쳐 보기

▲ 2016. 12. 우수 보육교직원 해외연수(대만)

▲ 2017. 4. 상반기 확대임원연수(IBK 기업은행 충주연수원)

▲ 2017. 11. 하반기 확대임원연수(경기도 양평)

▲ 2018. 4. 상반기 확대임원연수(강원도 삼척)

▲ 2018. 11. 하반기 확대임원연수(충남 서천)

PART 2. 서민련 활동 내용, 제대로 파헤쳐 보기

▲ 2018. 11. 우수 보육교직원 해외 연수(싱가포르)

▲ 2019. 5. 해외 선진지 연수(호주)

▲ 2019. 8. 하반기 확대임원연수(강원도 영월)

▲ 2019. 11. 우수 보육교직원 연수(대만)

▲ 2022. 10. 하반기 확대임원연수(경기도 포천)

PART 2. 서민련 활동 내용, 제대로 파헤쳐 보기

▲ 2023. 4. 상반기 확대임원연수(강원도 홍천)

▲ 2023. 10. 우수 보육교직원 해외연수(일본 큐슈)

▲ 2024. 4. 확대임원연수(전남 담양)

▲ 2024. 6. 해외 선진지 연수(미국 동부, 캐나다)

PART 2. 서민련 활동 내용, 제대로 파헤쳐 보기

▲ 2025. 4. 임원 연수(제주도)

○ 칭찬받아 마땅한 이들을 위한 시간, 서울시 보육인 한마당

▲ 2009. 10. 서울시 보육인 한마음 대회(KBS 88체육관)

▲ 2012. 9. 서울시 보육인의 날(우리은행 본점)

PART 2. 서민련 활동 내용, 제대로 파헤쳐 보기

▲ 2015. 10. 서울시 보육인의 날(서울시청)

▲ 2016. 10. 서울시 보육인의 날(우리은행 본점)

▲ 2017. 11. 서울시 보육인의 날(우리은행 본점)

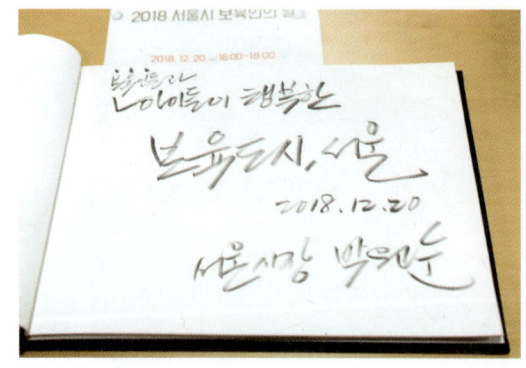

◀ 2018. 12. 서울시 보육인의 날 (서울시청)

▲ 2019. 10. 서울시 보육인의 날(서울시청)

▲ 2021. 10. 서울시 보육인의 날(서울시청)

PART 2. 서민련 활동 내용, 제대로 파헤쳐 보기

◀ 2022. 11. 서울시 보육인 한마당 (장충체육관)

▶ 2023. 11. 서울 보육인 한마당 축제(연세대학교)

▲ 2024. 10. 서울시 보육인 한마당 축제(DDP)

○ 수고하신 분들, 수고하실 분들... 이취임식

▲ 2009. 1. 이취임식(소피텔 앰배서더)

▲ 2011. 1. 이취임식(백범기념관)

PART 2. 서민련 활동 내용, 제대로 파헤쳐 보기

▲ 2013. 3. 이취임식(백범기념관)

▲ 2015. 3. 이취임식(서울시립미술관)

▲ 2017. 3. 이취임식(프레지던트 호텔)

▲ 2023. 3. 이취임식(서울시여성가족재단)

PART 2. 서민련 활동 내용, 제대로 파헤쳐 보기

○ 한 해를 마무리하는 시간, 송년회

▲ 2007. 12. 정기대의원 총회 및 송년회(코리아나 호텔)

▲ 2012. 12. 송년회(뚝섬 아리랑하우스)

▲ 2015. 12. 송년회(대학로)

▲ 2016. 12. 송년회(충무아트홀)

PART 2. 서민련 활동 내용, 제대로 파헤쳐 보기

▲ 2017. 12. 송년회(코리아나 호텔)

▲ 2018. 12. 송년회(프레지던트 호텔)

▲ 2019. 12. 송년회(프레지던트 호텔)

▲ 2020. 12. 송년회(여의도 이룸센터)

PART 2. 서민련 활동 내용, 제대로 파헤쳐 보기

▲ 2021. 12. 송년회(여의도 이룸센터)

▲ 2022. 12. 송년회(코리아나 호텔)

▲ 2023. 12. 송년회(아라김포여객터미널)

▲ 2024. 12. 송년회(프레스센터)

PART 2. 서민련 활동 내용, 제대로 파헤쳐 보기

○ 아직 못다한 우리들의 이야기

사단법인 서울특별시민간어린이집연합회 창립 30주년 『품다』

PART 2. 서민련 활동 내용, 제대로 파헤쳐 보기

PART 2. 서민련 활동 내용, 제대로 파헤쳐 보기

사단법인 서울특별시민간어린이집연합회 창립 30주년 『품다』

PART 2. 서민련 활동 내용, 제대로 파헤쳐 보기

사단법인 서울특별시민간어린이집연합회 창립 30주년 『품다』

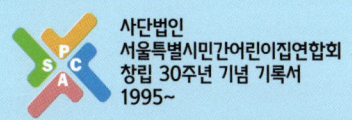

『품다』

PART 3

하고 싶은 이야기,
남기고 싶은 이야기…
가슴에 귀 기울여 보기

1. 보육을 시작하게 된 이유

보육의 길을 선택했다는 것은 단순히 직업을 선택했다는 의미가 아니다.
저마다의 이유로 보육을 시작했지만, 결국 그 안에는 아이들이 있었다.

"한 아이를 보았을 때 그 아이에게 빛이 난다고 생각했어요. 그리고 그 빛을 지켜주는 사람이 있어야 된다고 생각했어요. 그 사람이 나였으면 좋겠다라는 생각을 하면서 자연스럽게 보육교사가 되었습니다."

"교회에서 봉사하며 아이들과 함께 지내다 보니 그 소중함을 크게 느꼈습니다. 아이들과 계속 지낼 수 있는 길을 찾다가 보육교사가 되어야겠다고 결심했어요."

"7살 때 선생님이 환하게 웃으며 맞아주던 모습이 아직도 기억에 있어요. 그때 '나도 저런 선생님이 되고싶다'는 꿈을 품었고, 결국 그 길을 걷게 되었습니다."

"아이들을 어린이집에 맡기며 보육의 중요성을 알게 됐어요. '이 일이 내 천직이구나' 하는 마음이 들어 결국 보육교사가 되었습니다."

"놀이수업 강사로 시작했는데 아이들과 헤어지는게 아쉬웠어요. 조금 더 오래 아이들과 함께하고 싶다는 마음에 교사가 되었습니다."

"아이들의 순수함. 맑음. 향기까지. 그냥 아이들이 너무 좋았던 것 같아요."

"언니가 먼저 보육교사를 하고 있었어요. 제가 일을 그만두고 고민할 때 언니가 '네 성격에 맞을 것 같다'는 권유에 공부를 시작했어요"

"저는 아이들하고 있을 때 가장 많이 웃는다는 것을 제가 알고 있어요. 그리고 행복하다고 느끼고요. 이런 저에게 보육교사야말로 천직이 아닐까요?"

2 나에게 보육이란?

그들이 얘기하는 보육의 이름표에는 서로 다른 단어가 적혀있다.
사랑, 성장, 배움, 웃음, 미래, 동행…
그러나 그 이름표를 붙이고 있는 이는 오직 하나, 바로 아이들이다.

"보육은 통합입니다. 발달을 돕고, 친구 관계를 지켜주며, 부모의 마음으로 아이를 바라보는 것. 아이와 친구들, 부모와 교사가 모두 연결되는 통합적인 과정이 보육이라고 생각합니다."

"보육은 사랑입니다. 아이들을 존중하고 배려하고 공감하며 바른 인성을 가진 아이로 성장할 수 있도록 돕는 것, 그것이 보육입니다."

"보육은 성장입니다. 아이가 자라는 만큼 교사도 함께 자라고, 기다림과 공감을 배우며 교사도 더 큰 사람이 됩니다."

"보육은 배움입니다. 아이에게는 가능성을, 교사에게는 경험과 열정을, 부모에게는 눈에 보이는 사랑을 배우게 하지요."

"보육은 웃음입니다. 아이들과 있을 때 가장 많이 웃을 수 있고, 그 웃음이 제 삶의 이유가 되었습니다."

"보육은 웃음을 주는 일입니다. 아이들과 엄마가 있을 때처럼 행복하게 웃을 수 있도록 하는 것, 그것이 교사의 역할입니다."

"보육은 미래를 만드는 일입니다. 아이들이 자존감을 높이고, 자신이 사랑받는 존재임을 깨닫게 도와주는 과정이 보육입니다."

"보육은 행복한 동행입니다. 아이들과 하루를 함께 보내며 그들의 추억을 쌓아가는 동반자가 되는 것, 그것이 교사가 해야 할 일입니다."

"보육은 축복의 씨앗입니다. 오늘 심은 작은 사랑이 백배로 열매 맺어 아이들의 삶을 바꿉니다."

"보육은 기다림입니다. 아이가 제 속도로 자라날 때까지 곁을 지켜주는 일입니다."

"보육은 거울입니다. 아이를 돌보지만 결국 제 자신을 돌아보게 하고, 더 나은 사람이 되게 합니다."

3 보육의 어제와 오늘

시대가 바뀌면 가치도 바뀐다. 행위(보살핌) 중심에서 주체(아이) 중심으로, 결과 중심에서 원인 중심으로, 전담에서 분담으로… 하지만 변화라는 것이 항상 좋은 쪽으로만 흐르는 것은 아니다. 신뢰가 의심이 되고, 의심이 불신이 된다.
하지만 가장 안타까운 것은… 어린이집에 어린이는 떠나고 집만 남게 되는 것이다.

"초창기에는 모든 일을 혼자 감당해야 했습니다. 지금은 연장반, 보조교사, 대체교사 제도가 생겨 업무 부담이 줄었어요. 연차나 휴게시간도 보장되고, 근무환경이 크게 달라졌습니다."

"예전에 비해 지금은 놀이 중심, 아동 중심 교육으로 바뀌었고, 교사는 아이들의 발달과 권리를 존중하는 성장의 동반자가 되었습니다."

"초기에는 아이가 문제 행동을 하면 '고쳐야 한다'고 생각했어요. 지금은 '왜 저런 행동을 할까?' 아이의 내면과 환경을 먼저 살피게 되었습니다."

"예전에는 부모님들이 교사들을 많이 격려해주셨어요. 지금은 맘카페나 단톡방에서 사실과 다른 이야기도 돌기도 하고, 교사들이 큰 잘못을 한 것처럼 비춰질 때도 있습니다."

"과거에는 교사의 자격과 전문성이 지금처럼 높지 않았다고 생각해요. 지금은 평가제와 다양한 연수, 특성화 교육으로 전문성이 많이 강화되었습니다."

"보육교사라는 직업을 돌봄으로만 보던 시선이 이제는 교육과 발달을 책임지는 전문가로 바뀌었습니다. 다만 교사에 대한 존중은 여전히 부족해 아쉬움이 있습니다."

"옛날에는 부모님들이 어린이집에 입소하려고 새벽부터 줄을 섰습니다. 지금은 정원 충족률이 낮아 마음이 무겁습니다."

"항상 정원을 채웠었는데 저출산으로 아이가 줄면서 이제는 20명도 되지 않습니다. 선생님들도 불안해하고, 불편해하는 것 같아.. 마음이 아픕니다."

PART 3. 하고 싶은 이야기, 남기고 싶은 이야기… 가슴에 귀 기울여 보기

4 기억에 남는 순간

안녕하세요! 고맙습니다!
일상에서 쉽게, 자주 쓰는 흔한 말이 때로는 큰 울림이 되고, 양분이 된다.
교사들도 성장한다. 따뜻한 말 한마디로.

"적응을 어려워했던 아이가 웃으며 등원할 때, 주말에도 어린이집 가고 싶다고 말했다는 얘기를 들었을 때, 부모님이 내년에도 선생님이 담임이었으면 좋겠다고 말씀하실 때 제가 이 일을 잘하고 있다는 확신과 기쁨을 느낍니다."

"그때 고마웠어요. 너무 늙지 마세요. 그 자리를 지켜주세요. 라는 얘기를 들을 때 보람을 느낍니다. 그리고 졸업생이 결혼해서 자녀를 입소시키러 왔을 때 내가 잘 살았구나 라는 마음에 뿌듯하기도 했고요."

"졸업한 아이가 고등학생이 되어서 카네이션 한 송이와 초코 우유를 가지고 어린이집에 찾아왔을 때, 그리고 지하철이나 버스에서 졸업한 아이가 먼저 다가와 '선생님'하고 반갑게 인사할 때 내가 하는 일이 얼마나 보람된 일인지 새삼 느끼게됩니다."

"자폐 성향이 있는 아이를 처음 맡게 되었을 때 정말 막막했습니다. 원장님과 상의하고, 책을 찾아보고 전문가 조언도 받으면서 함께 길을 찾았어요. 그 아이가 졸업하고 길에서 먼저 반갑게 인사하며 학교에 잘 다니고 있다는 얘기를 해줬을 때 제 마음이 벅차 올랐습니다."

"우리 어린이집은 매년 마당에서 물놀이를 하는데, 설치할 때 마다 교사들이 직접 올라가 구석구석 닦고 점검합니다. 부모님이 우연히 그 모습을 보시고는 '믿음이 가네요'라는 말 한마디에 큰 보람을 느낍니다."

"영아 때부터 맡아온 아이가 초등학생이 된 후 어린이집에 찾아와 '선생님, 보고 싶었어요'

하며 안겼을 때 저도 모르게 눈물이 났습니다."

"우연히 길에서 만난 졸업생 학부모가 '원장님 어린이집 덕분에 우리 아이가 잘 컸어요'라는 말을 들었을 때, 큰 보람을 느꼈습니다."

"졸업한 아이가 커서 스승의 날에 찾아와 '저도 아이들과 함께하는 교사가 되려고 유아교육과에 입학했어요'라고 말하며 어린이집 졸업할 때 같이 찍은 사진을 보여주는데… 정말 감격했습니다."

"졸업한 아이가 중학생이 돼서, 동아리 활동에서 만든 거라며 커피 번 2개를 가지고 왔더라고요.. 하나는 원장님, 하나는 원감님 드시라고. 너무너무 감동이었어요."

"5살에 기저귀를 차고 왔던 아이가 3개월만에 스스로 화장실에 가는 모습을 보았을 때, 저는 동네방네 자랑하고 싶은 만큼 기뻤습니다."

"어린이집에서 선배들과의 대화를 한 적이 있어요. 졸업 한 달을 앞두고 한해 전 졸업한 1학년을 초대해 서로 질의응답하는 시간을 가졌었는데… 굉장히 유쾌하고 대견하고, 뿌듯했습니다."

"아이를 데리고 입학 상담을 오셨는데… 남들과 약간 다른 친구 같았아요. 그래서 부모님께 전문가적 소견을 권해드렸고, 그 이후 병원과 어린이집을 오가며 생활해서 다른 친구들과 똑같이 생활할 수 있게 되었어요. 지금은 중학생이 되었는데. 매년 명절마다 동영상으로 인사도 하고 했던 그 친구가 기억에 남습니다."

희노애락. 세상사에 어떻게 좋은 일만 있을까?
사람으로 입은 상처는 사람에게 치유받을 수 밖에.
지금 내 눈 앞에는 아이들이 있음에.

"아이들이 어린이집에 오면 저는 정말 제 자식이라고 생각해요. 그런데 아이들이 놀이하다 보면 친구끼리 부딪힘도 생기고 상처가 날 수 있어요. 그럴때마다 혹시 흉터가 남진 않을까 조마조마하고 약 발라주고 문질러주고 하루 종일 걱정이 많았는데.. 하원할 때 부모님께 상황을 말씀드렸는데 아무 말씀 안 하시고 아이만 싹 데려갔을 때는 저희도 마음이 너무 아프거든요. 속상하고. 그런데 또 다음 날 아이가 선생님하고 저희를 안으면 모든게 다 잊혀진다는거…"

"안전사고가 발생해 아이가 다쳐서 속상한데, 부모님이 법적 대응까지 하셔서 정말 무너지는 기분이었습니다."

"선생님이 아이를 진심으로 사랑하고 묵묵히 책임을 다했음에도 불구하고 학부모의 불신과 의심으로 교사가 떠나야 했던 순간이 가장 가슴 아팠습니다."

"발달이 늦은 아이가 있어 부모에게 발달 검사를 권유했는데 퇴소하시겠다고 하시더라고요. 그날의 기억이 가장 아프게 남아있습니다."

"학부모가 인형에 녹음기를 넣어 신고했을 때, 검찰까지 갔던 2년은 인생에서 가장 힘든 시간이었습니다."

학부모들은 언제가 가장 기억에 남을까?
내 아이가 한 뼘 한 뼘 커갈 때. 무럭 무럭 자랄 때.

"새벽에 일찍 출근할 때가 있어서 7시도 되기 전에 아이를 데리고 어린이집에 가고 있었는데 길에서 마침 출근하시는 선생님을 만났어요. 이제 선생님이랑 가자, 어머니 편하게 들어가세요 하고 애를 데리고 가시는데… 제가 끝까지 쳐다봤거든요. 그런데 우리 아이가 선생님이랑 손 잡고 가면서 한번도 뒤돌아보지 않는거에요. 그때 그 선생님과 아이의 뒷 모습이 너무 아름다웠고, 와 우리 어린이집 진짜 좋다. 생각했어요."

"어린이집의 꽃은 재롱잔치죠. 첫째 아이의 첫 재롱잔치 무대가 아직도 잊히지 않아요."

"어려서 큰 기대를 안 하고 갔는데, 아이가 생각보다 너무 잘하더고요. 율동도 다 외우고. 그때 무대가 너무 감동이었고 기억에 많이 남았어요."

"아이를 데리러 갔을 때, 선생님을 가리키며 '엄마, 엄마'했어요. 좀 서운했지만 한편으로는 어린이집에서 잘 보살펴주시는구나 라고 안심이 돼서 그날 동네 엄마들에게 막 어린이집 자랑했던 기억이 납니다."

"우리 아이가 변한 것이 제일 기억에 남아요. 어린이집에 처음 갔을 때는 친구들과 함께 하는 것을 굉장히 어려워 했었거든요. 그래서 담임선생님이 개별적으로 돌봐주셔야하는 일도 많았었는데... 지금은 굉장히 적극적으로 모든 활동에 참여하고, 자존감도 많이 좋아진 것 같아요."

"어린이집에서 친구들과 나눴던 말을 집에서 얘기하는데.. 그 내용들이 참 따뜻하고 긍정적이더라고요. 어린이집에서 참 많이 사랑받고 또 많이 배우고 있구나.. 이런 생각을 했던 것이 가장 기억에 남아요."

"어린이집에서 아이들이 쓴 시를 가지고 책을 출간했었어요. 출판기념회를 열어 아이들이 시낭송도 직접 하고...그 경험을 가지고 있어서인지 첫째는 졸업하고 초등학교에 입학하고 나서도 시에 관심이 많고, 학교 앞 화단에 있는 겹수선화랑 소나무를 보고 시를 쓸 정도에요. 굉장히 뿌듯하고 감동적이었습니다."

"어린이집이 아이들만 돌봐주시는 것은 아니더라고요. 아이가 자라면서 엄마들도 새로운 고민들이 생기거든요. 그때마다 원장님이 간담회를 열어서 서로 고민을 공유할 수 있게 해주시고, 또 해결책을 제시해주시고 하세요. 아이뿐 아니라 저도 배우면서 성장한다는 생각을 하고 있어요."

"졸업식 날 아이들이 선생님을 너무 좋아하는게 다 느껴졌어요. 그동안 아이들이 어린이집에서 어떻게 생활했는지는 다 보여줄 수 있는 날이었던 것 같아요."

5 나에게 어린이집이란?

어린이집은 house가 아니다. home이다.

"안식처이다. 아이와 함께 엄마도 성장할 수 있는."

"배움의 공간이다. 아이들도 배우고 엄마들도 배운다."

"엄마의 따뜻한 품이다. 우리 아이가 즐겁고 신나게 다니고 있으니까."

"친정엄마다. 믿고 맡길 수 있으니까."

"소통이다. 선생님과 친구들과 더 넓은 세계로 나아가는 관계의 소통을 배워나가는 곳."

"도화지이다. 아이들이 맘껏 꿈을 펼칠 수 있는."

"파트너이다. 내가 못하는 부분, 부족한 부분을 채워주고 메워주는."

"가족이다. 아이를 함께 양육하는."

"우리 집이다. 친정집에 보낸 것 같이 마음이 너무 편안하고 좋습니다."

"형용할 수 없는. 많은 부분에 영향을 주고, 우리에게 너무 필요하고, 도움도 되고.. 그저 고맙고 감사한 곳."

"다목적 동반자. 엄마가 아닌 한 인간으로서의 삶을 누릴 수 있게 만들어주는, 그리고 우리 아이를 같이 키우는 그런 없어서는 안되는 존재."

"힐링이다. 사람다운 삶을 살 수 있는 시간을 주는 곳."

"나래(날개)이다. 두 아이를 첫 사회생활을 함께해 준 동반자이자 어디서든 멋있게 날개를 펼칠 수 있게 도와주는 스승님이다."

"육아동지이다. 가족이자 친정엄마 같고, 아이들에게는 할머니 댁 같이 가고 싶어하는 그런 장소"

"따뜻한 배움터이다. 아이가 자라는 만큼 부모도 성장하는."

"고마운 곳. 엄마가 일 하는 것을 가능하게 만들어주는 곳."

"할머니 집이다. 부모가 경험해줄 수 없는 부분을 대신해주는 것이 마치 할머니의 마음과 같다."

6 감사와 응원

혼자 살아가는 사람은 없다.
사람(人) 자체가 의지하고 서로의 등을 내어주는 것이기에.
살아있다는 것은... 누군가 감사할 사람이 있다는 것이다.

"아이들을 다양한 경험과 체계적인 교육으로 멋있게 자라날 수 있게 해주셨을 뿐 아니라, 엄마인 저도 아이들에게 멋있는 학부모로 성장할 수 있게 도와주신 원장님께 감사드립니다."

"아이들과 오랜 시간을 함께 보내고 신경써주시는 담임선생님들께 감사드립니다. 그분들은 아이들의 두 번째 엄마입니다."

"궁금한 것이 많은 초보 엄마를 세련된 엄마로 만들어주신 담임 선생님께 감사드립니다."

"걷지도, 앉지도 못하는 아이가 선생님의 따뜻한 품에 안겨 편안한 마음으로 어린이집 생활을 할 수 있게 해주신 선생님께 감사드립니다. 덕분에 저도 조건 없이 베푸는 사랑을 배울 수 있었어요. 선생님이 제2의 할머니이십니다."

"첫째부터 셋째까지 우리 아이 모두를 잘 돌봐주신 어린이집 선생님들께 감사드립니다."

"아이의 작은 알레르기까지도 세심하게 살펴주신 선생님, 덕분에 늘 안심할 수 있었습니다."

"처음 근무했던 어린이집의 원장님이 생각납니다. 떨리기만 했던 신입 교사였는데 옆에서 묵묵히 지켜봐주시고 격려해주셨어요. 그 덕분에 제가 이 길을 쭉 걸어올 수 있었던 것 같습니다. 제겐 이모 같고 엄마 같았던 원장님께 감사드립니다."

"저에게 고마운 분들은 원장님과 선생님들입니다. 제 엄마가 백혈병으로 4년 정도 투병을 하셨는데 저의 빈 자리를 선생님들과 원장님이 채워주지 않으셨다면 제가 이 자리에 있지도 못했을 것이고, 저희 엄마 간호도 잘 할 수 없었을 거에요. 그 분들께 감사드립니다."

"제가 어린이집을 할 수 있었던 것은 모두 믿고 따라주시는 선생님들 덕분입니다. 우리 선생님들의 노고와 사랑에 깊이 감사드립니다."

"매일 어린이집에 좋은 글을 보내주신 할아버지가 계셨어요. 그 분의 손주가 장애가 좀 있었는데, 아이가 반듯하게 잘 컸다고 감사 편지를 구청과 시청에도 보내셨더라고요 굉장히 감사했어요"

"우리 어린이집과 선생님들을 믿고 맡겨주신 부모님들께 진심으로 감사합니다."

"어린이집을 처음 시작했을 때 정말 아무것도 몰랐는데... 당시 우리 구 회장님께서 훌륭한 멘토가 되어주셨어요. 연합회와 회장님께 감사드립니다."

"많은 어려움이 있었지만, 하나님께 의지하고 가족과 교사, 학부모, 동료 원장님들 덕분에 지금까지 운영할 수 있었습니다."

"어린이집의 아이들에게 많은 사랑을 주느라 정작 제 아이들을 사랑해 줄 시간이 부족했던 것 같아요. 엄마의 빈자리를 채워준 우리 가족에게 감사합니다."

"처음 어린이집을 시작할 때 남편이 반대했어요. 하지만 시작하고 난 다음에는 남편의 응원 덕에 25년을 이어올 수 있었습니다. 퇴직금을 내어 어린이집을 살려준 것도 남편이었지요. 지금까지 묵묵히 뒤에서 지켜준 가족이 없었다면 저는 버틸 수 없었을 겁니다."

"엄마가 자랑스럽다고 얘기해주는 우리 아이들이 저에겐 큰 힘이 되주고, 너무 감사합니다."

"늦게까지 일하느라 제 아이들을 제대로 돌보지 못했는데, 누나가 동생을 챙기며 잘 자라주었어요. 삐뚤어지지 않고 잘 자라준 우리 아이들이 가장 고맙습니다."

7 뜨겁게 타올랐었던... 아직 꺼지지 않은 이야기

"아이를 돌보는 사람은 가슴이 넓고 온기가 있어야 한다"

제3대 회장 **오경희**
재임기간 : 1999. 01. ~ 2001. 01.
전) 강서구 햇빛발도로프어린이집 원장
현) 송파어린이문화회관 슈필라움 컨설턴트

서민련의 시작, 보육사를 보육교사로!!

민간어린이집연합회의 태동은 1991년도 영유아보육법이 제정되면서 각 대학에 보육교사 과정이 생기면서 시작되었어요.

제1회 보육교사 과정 교육 수료 후 졸업생들에게 보육교사 수료증이 아닌 보육사 수료증이 발급된 것이 발단이었죠. 전혀 예상하지 못했던 일이었요. 그래서 졸업생들이 한 마음으로 힘을 합쳐 보육교사 수료증 발급을 요구하며 보육사 수료증 반환 운동을 했고, 그 노력의 결과로 보육교사 수료증을 받을 수 있었습니다.

당시 전개한 운동의 중심에 박정혜 원장님(지금은 고인이 되셨고 후에 설립된 서울시민간어린이집연합회 초대회장을 역임함)이 계셨습니다. 보육교사 명칭은 이런 고난의 과정을 거친 후에야 가질 수 있었습니다. 처음부터 그냥 주어진 것이 아니었어요.

이 일을 계기로 서울시민간어린이집연합회가 발족이 되었지요.

학원? 고아원? 아닙니다. 어린이집입니다.

제가 회장이었던 연합회 초창기에는 만났던 국회의원이나 주변 사람들은 어린이집이 '뭐하는 곳'인지도 몰랐어요. 국회에서 간담회를 할 때면 '어린이집이 뭐 하는 곳이냐, 학원? 고아원?'이란 질문을 수없이 되풀이했습니다.

그래서 어린이집의 정체성을 알려야겠다는 필요에 의해 어린이집 일상을 담은 어린이집 책을 만들었어요. 그 책을 국회에 자료로 제공하는 등 어린이집을 홍보하는데 활용했습니다.

서울시 지원의 시작, 영아반 운영비 210만원!
연합회 초창기. 민간어린이집은 정부의 지원을 전혀 받지 못했습니다. 개인이 좋아서 하는 일이니 개인이 알아서 하라는 입장이었지요.
연합회의 반론은 국가 지원의 당위성이었어요. 민간시설의 아이들도 대한민국의 아이들이라는 것과 우리는 정부 사업에 개인의 자본을 투자해서 협력하는 것인데 당연히 국가가 지원을 해줘야 하지만 지원을 받지 못했습니다. 시청에서도 개인이 좋아서 시작한 일이니 개인이 알아서 해야 한다는 입장이었지요.
당연히 우리 연합회에서는 받아들일 수 없었죠. 그래서 하루가 멀다하고 시청을 찾아가서 설득하고.. 그때 시청에 박필숙 계장님이 계셨었는데 그분이 많이 도와주셨어요.
그래서 우리가 영아반 운영비를 반 당 70만원씩, 최대 210만원까지 받을 수 있었습니다.

너무나 그리운 사람. 故 박정혜 초대 회장님.
서민련이 처음 만들어질 때 초대 회장님이 박정혜 회장님이었고, 제가 부회장이었습니다. 그때는 사무실 얻을 자금을 모으려고 고추장도 팔고, 된장도 팔고 그랬어요.(1995년 1월에 설립된 연합회는 이듬해인 1996년 3월 용산구 조원빌딩에 사무실을 개소하였다_편집자 주)
밤잠 안 자고 같이 지낸 시간들이 많아서 더욱 그리운 것 같습니다.
당시 박정혜 회장님이 우리의 지주였다면 후에 6대 회장이 된 김심환 원장님은 우리의 머리였었죠.

아이를 돌보는 사람은 가슴이 넓고 온기가 있어야 한다.
전 평생 은퇴 안하고 싶었습니다. 어린이집을 운영했던 때가 가장 치열하게 살았던 시기이기도 하지만, 동시에 아이들과 함께할 수 있었기에 가장 행복한 시기였습니다.
저는 아이를 돌보는 사람은 가슴이 넓고 온기가 있어야 한다고 생각합니다. 또 내가 있는 곳이 바로 세상의 중심이라는 생각도 가지고 있어야 하고요. 우리가 당당하게 이 세상을 헤쳐가야 아이들도 건강하고 당당한 마음으로 클 수 있다고 생각합니다.

그리고 어린이집 원장으로서 내가 무엇을 할 것인가? 어떤 일을 할 것인가?를 끊임없이 고민하면 좋겠습니다.
그 고민의 깊이만큼 우리 아이들은 행복해질 수 있습니다. 부탁입니다.

"연합회는 똑똑해지고, 원장은 놀아야 한다!"

제5대 회장 **전해순**
재임기간 : 2002. 12. ~ 2004. 12.
전) 도봉구 주은어린이집 원장
현) 고양시 한밀어린이집 원장

어린이집 지원 정책의 패러다임을 바꾸다.
회장으로 물론 어렵고 힘들 일도 많았지만, 변화를 이끌어내는 재미에 신나게 일했던 것 같아요. 재임기간 중에 어린이집 관할부처가 보건복지부에서 여성가족부로 변경이 되었습니다. 그 와중에 장관님과 독대할 기회가 있었는데 오랜 고민 끝에 장관님께 민간어린이집에 대한 인건비 지원을 요청했었습니다.
우선 새로운 물길을 만들어내면 그 후에 증액하는 것은 상대적으로 수월해질 것이라고 생각했었습니다. 그때부터 민간어린이집에도 인건비 지원(영아반 교사 인건비 40만원)이 되기 시작했는데 힘들었던 것 만큼 기억에 많이 남습니다.

아이들을 위한 공간, 깨끗하고 안전하게!
또, 기억에 남는 것이 2004년 당시 이명박 시장님과 함께 민간어린이집 서비스 개선비(환경개선비) 예산을 만든 것입니다. 당시 280억원 정도였던 것으로 기억하는데, 그 돈으로 어린이집 주방과 화장실을 싹 개조했었습니다. 지금 서울시가 지원하고 있는 민간어린이집 기능보강비의 시초라고 할 수 있죠.

날아간 유아 기본 보조금 890억, 지금 생각해도 안타까워
보육의 질을 높이기 위해서는 열정과 노력만으로는 한계가 있습니다. 돈이 있어야 해요. 실제로 영아 기본 보조금이 지급된 이후 어린이집의 질적 수준이 많이 높아졌다는 평가가 있었습니다. 그래서 정부에서도 추가로 유아 기본 보조금을 만들려고 했었는데 그것에 대한 연합회 내부의 찬반이 팽팽했었습니다.

결국은 무산되고 말았지만... 제가 좀 더 많은 사람들을 만나고 설득하고 그랬으면 어땠을까 하는 아쉬움이 있습니다.

연합회는 똑똑해지고, 원장은 놀아야 한다!
연합회는 특성상 끊임없이 새로운 것을 요구할 수 밖에 없습니다. 그것이 법이던 예산이던... 그런데 그 요구란 것이 억지를 쓴다고 되지 않습니다. 합리적으로 요구를 해야 합니다. 우리가 하는 일이 얼마나 중요한 일인지, 영유아기가 우리 아이들에게 얼마나 중요한 시기인지, 그리고 이것이 왜 필요한지를...
그러기 위해선 공부를 많이 하셔야 한다고 생각합니다. 보육에 대한 공부 뿐 아니라 법과 제도에 대해서도 말이죠.

그리고 원장님들은 많이 놀아야한다고 생각합니다. 아이들과 말이죠.
저는 아이들은 많이 놀아야 한다고 생각합니다. 그런데 아이들만 놀리면 안됩니다. 원장님과 선생님도 같이 놀아야죠. 그래야 아이들을 제대로 관찰할 수 있기 때문입니다. 팔짱 끼고 쳐다보는 것은 진정한 관찰이라고 할 수 없거든요. 그래서 전 지금도 아이들과 함께 숲으로, 산으로, 개울로... 다니면서 열심히 놀고 있습니다. 연합회가 똑똑한 덕분입니다.

"배움을 통해 역량을 키우는 것이 내일을 대비하는 힘이 된다!"

제6대 회장 **김심환**
재임기간 : 2004. 12. ~ 2006. 12.
전) 강서구 정한어린이집 원장
현) 자연봄 연구소 소장

민간어린이집의 가장 큰 특징은 '자율성'입니다.
이 자율성은 때로는 어린이집 간의 격차를 만들기도 하지만, 반대로 최상의 보육 서비스를 제공할 수 있는 힘이 되기도 합니다. 제가 운영했던 어린이집 역시 자율성을 바탕으로 레지오 에밀리아 교육을 실현하려 했습니다. 아이들이 궁금한 것이 있으면 직접 현장으로 나가 답을 찾는 것이 교육의 기본이지만, 현실은 정해진 보육료와 제한된 현장학습비로 인해 쉽지 않았습니다. 이러한 제도적 틀 속에서는 원장의 교육 철학을 온전히 펼치기 어렵고, 결국 보육의 질이 낮아질 수밖에 없다는 한계를 절감했습니다.

간절했던 시간들
2005년 영유아보육법 전면 개정 이후 민간어린이집은 새로운 규제들 앞에 서야 했습니다. 가장 대표적인 것이 정부지원 어린이집과 민간어린이집에 동일한 규제를 적용한 '재무회계규칙'이었습니다. 민간어린이집에 불합리한 재무회계규칙은 현장의 어려움을 가중시켰습니다. 절박한 마음에 우리는 광화문 광장에서 보육사업 안내서를 모아 반납하자는 결의를 하였고, 삭발식과 가두행진으로 목소리를 내기도 했습니다. 여성가족부 항의 방문은 수도 없이 이어졌고, 신문 1면 광고를 통해 민간어린이집 운영의 불합리한 규제들을 알리기도 했습니다. 모두가 '민간의 정체성'을 지키고 건강한 영유아 보육을 하기 위해 치열하게 싸웠던 시간들이었습니다.

나답게! 민간답게!
저출생의 그늘로 지금은 아이가 부족해 힘든 시기를 보내고 있지만, 제가 회장으로 있던 시절은 또 다른 어려움이 있었습니다. 민간이기에 지원은 부족하고, 어린이집이기에 규제받는 강한 이중의 틀 속에서 민간어린이집은 늘 맞지 않는 옷을 입은 듯 답답했습니다. 그러나 보육의 본질은 아이들을 제대로, 건강하게 키우는 것이었습니다. 그래서 해결책을 찾기 위해 부회장님, 지회장님들과 함께 열정적으로 연합회 일에 몰두하였습니다. 돌아보면 그 시절 함께 고생했던 동료들이야말로 가장 소중한 사람들이었습니다.

배움을 통해 내일을 준비하다.

서민련 회장으로서 가장 보람 있었던 일 중 하나는 대학과의 산학협력을 통해 원장님들과 선생님들이 대학에 입학하거나 편입해 원하는 공부를 이어갈 수 있도록 길을 연 것이었습니다. 저는 배움을 통해 역량을 키우는 것이야말로 미래를 준비하는 가장 좋은 방법이라고 믿습니다. 회장직을 내려놓은 뒤에도 뜻을 같이하는 분들과 공부하며 연수를 다니고, 어린이집에 맞는 안전공제회를 만들기 위해 일본까지 찾아가 배움을 이어갔습니다. 그 과정에서 지금의 '어린이집안전공제회'를 설립할 수 있었고, 지금도 '배움텃밭공동체협회'와 '자연봄연구소'를 운영하며 강의와 집필, 교육을 통해 배움의 삶을 계속 이어가고 있습니다.

결정은 신중하게, 행동은 과감하게

40대 초반의 나이에 회장직을 맡아 누구보다 열정적으로 일했지만, 되돌아보면 세밀한 전략이나 상대방에 대한 배려가 부족했던 점도 있습니다. 만약 그 시절로 돌아간다면, 회원들과 정책 입안자들의 이야기를 더 많이 들었을 것입니다. 다만, 실행에 옮길 때는 뒤돌아보지 않고 과감하게 나아가야 한다는 제 신념은 여전히 변함이 없습니다.

"대한민국 보육은 서울시 민간어린이집입니다."

제7대 회장 **곽현희**
재임기간 : 2006. 12. ~ 2008. 12.
현) 노원구 세네동어린이집 원장

보육을 제품처럼 취급하려 했던 기관… 보육은 기계조작 매뉴얼의 대상이 아니다.
어느 날 국가표준원의 초청을 받아 과천 청사를 방문한 일이 있었습니다. 국가표준원은 어린이집에서 일어나는 모든 활동을 국가 차원에서 표준화하고 매뉴얼로 만들고자 했습니다. 어린이집의 의견을 듣고 싶었던 것이지요.
그들은 영유아가 등원할 때 교사의 모든 행동을 규격화하고 순서화하여 직무 표준으로 만들려 했습니다. 예컨대, 영유아가 등원하면 매뉴얼의 순서에 따라서 교사는 무릎을 꿇고, 눈을 마주치며, 머리부터 발끝까지 살펴 다친 곳은 없는지 확인한다… 이런 식이었습니다. 그러나, 영유아와 보육교사는 결코 기계처럼 매뉴얼대로만 움직일 수 있는 존재가 아닙니다. 매 순간 끝없이 변화하는 발달과정과 개개인의 기질과 감정변화 등 예측할 수 없는 수많은 상황과 변수가 일어나는 곳이 바로 어린이집입니다. 보육을 매뉴얼화하겠다는 의도 자체를 이해하기 어려웠습니다.
다행히 당시 여성가족부가 평가인증 지표를 준비하던 시기였고, 여러 단체와 기관이 문제를 제기하여 그 계획은 실행되지 않았습니다. 돌이켜보면 당혹스러웠던 기억이지만, 그때 뜻을 모아 함께 대응해 주신 원장님들께 지금도 깊은 감사를 드립니다.

광화문을 노랗게 물들이다.
보육이 여성부에 속하였던 시기에 여성가족부는 평가인증을 통과한 시설에만 기본보조금을 지급하려는 방침을 세웠습니다. 그러나 당시 평가인증을 통과한 민간어린이집은 전체의 약 19% 남짓에 불과했던 것 같습니다.
우리 연합회의 입장은 분명했습니다. 일부 시설에만 혜택이 집중되는 것이 아니라, 현재

보육시설에 재원 중인 모든 어린이집의 영유아들에게 동등한 지원이 되어야 한다는 것이었습니다. 이에 전체 교사와 아동을 위한 지원을 강력히 요구했습니다.

요구를 관철하기 위해 우리는 홍보활동을 준비했습니다. 날짜와 시간을 정해, 어린이집의 등·하원 차량을 광화문 광장에 있는 이순신 장군 동상 앞으로 모이자고 한 것입니다. 당시 주무부처는 크게 당황하였고, 결국 우리의 요구사항 일부를 수렴할 수 있게 하였습니다. 그때, 함께해 주신 서울시 민간어린이집연합회 소속 원장님들께 이 자리를 빌려 다시 한번 감사드립니다.

아이들과 함께하는 행복을 알려주신 어머니께

제가 근무하는 어린이집은 올해로 61년의 역사를 맞이했습니다. 제가 네 살 무렵, 어머니께서 운영하시던 탁아소의 원생이었던 것이 시작이었습니다. 이후 그 탁아소는 어린이집으로, 새마을유아원으로, 다시 어린이집으로 이름과 제도가 여러 차례 바뀌어 왔습니다. 그 변화의 시간 동안 어머니 곁에서 보육 현장을 지켜보며, 기쁘고 눈물겨운 순간들을 함께했습니다. 어린 시절 작은 일부터 돕던 제가 어느새 어머니의 길을 이어 원장이 되어 있었습니다. 그동안의 경험이 쌓여, 어린이집에 대한 제 애정이 남달랐던 것 같습니다. 어린이집이 영유아와 보호자, 교직원 모두에게 행복한 터전이 되기를 소망합니다. 이를 위해 국가와 사회가 보육의 중요성을 더 깊이 인식하고, 합당한 존중과 지원을 기대해 봅니다. 돌아보면, 제가 이 길을 걸어올 수 있었던 것은 언제나 저를 품어 주시고 인도해 주신 어머니 덕분이었습니다. 어머니께서 닦아주신 길이 있었기에 저는 아이들을 위한 일에 발을 내디딜 수 있었습니다. 진심으로 감사드립니다.

감사의 마음

생각해 봅니다. 나는 과연 연합회에 도움이 되었을까? 나의 행동으로 불편함을 겪은 분은 없었을까? 제가 회장의 직함으로 여러분을 대표했을 당시 저는 제 생각에만 몰두해 옆에 계신 동료 원장님들께 충분히 감사함을 표현하지 못했던 것 같습니다.

이제 돌아보니, 지나온 모든 여정을 함께해 주신 여러분들이 제게 가장 소중한 분들이었습니다. 이 자리를 빌려 진심 어린 감사를 드립니다. 원장님, 정말 감사했습니다. 지금도 감사드립니다. 앞으로도 감사하겠습니다.

"햇볕은 사람을 차별하지 않습니다."

제8·9대 회장 **김애리**
재임기간 : 2008. 12. ~ 2013. 02.
전) 은평구 우림어린이집 원장
현) 은평구 우림어린이집 대표자

서툴렀었던... 그러나 마음은 뜨거웠던

참 열심히 일했던 것 같아요. 연합회의 역할과 민간어린이집의 장점을 알리기 위해, 그리고 민간에 대한 지원 차별을 해결하기 위해서요. 하루가 멀다하고 복지부와 시청에 출근했었어요. 특히 시청은 회장되고 난 다음날부터 매일같이 찾아갔었죠.

그러면서 알게되었습니다. 의지만으로는 안되는구나. 법을 바꿔야 하는구나.

연합회의 활동 반경을 넓혀야 한다고 생각했어요. 사회문제에 관심을 갖고 참여해야 우리가 가지고 있는 문제에도 공감해주실 것이라고 믿었습니다.

그래서 어린 환우들을 위한 치료비와 수술비를 후원하고, 지금 희망온돌사업의 시초라 할 수 있는 희망온돌프로젝트에도 참여하고, 다문화 가족 축제라든지, 서울시 보육인 한마음대회 같은 민간이 주최하는 큰 행사들도 열었습니다. 그리고 토론회도요.

밤 늦게까지 초대장을 드리기 위해 애썼던 기억, 행사 당일 예고에 없던 의원분들이 많이 오셔서 의전 때문에 식은 땀을 흘렸던 기억...

생각해보면 미숙한 부분은 있었지만 노력이 부족한 적은 없었던 것 같아요.

사회적 인식을 바꾸기 위해 찾아야 했던 우리의 이름

예전에는 어린이집에 대한 인식도 지금과 많이 달랐습니다. 간판은 어린이집으로 달았지만 법적 명칭은 보육시설이었고, 원장은 시설장, 같이 근무하시던 분들도 보육시설 종사자라고 했었죠.

사회적으로 인정받지 못한다고 생각했습니다. 우리가 불리우는 명칭 속에 우리의 역할이나 가치 이런 것들이 포함되어 있다고 생각하거든요. 그리고 보육교사 자격증이 운전면허보다 쉽게 취득할 수 있다는 사회적 인식도 바꾸고 싶었습니다.
바꾸려고 노력했고, 나아지기 위한 교육을 했으며, 보육인으로서의 자부심을 갖고자 했습니다.
이러한 이유로 2011년, 법 개정을 통해 보육시설이 '어린이집'으로, 시설장이 '원장'으로, 보육시설 종사자가 '보육교직원'으로 명칭이 바뀐 것은 단순히 이름을 바꾼 것 이상의 가치와 의미가 있다고 생각합니다.

어린이집에 닥친 시련... 억울하지만 그 또한 우리가 감당해야 할 몫

그 당시는 정부가 무상보육이라는 표현을 쓰면서 어린이집이 많이 늘던 시기였습니다. 그러다보니 이런 저런 일들도 많이 있었는데요, 가장 대표적인 것이 아동학대와 리베이트 사건이었습니다.

아동학대의 경우는 결론부터 말씀드리면 민간어린이집에서 발생한 사건은 아니었어요. 하지만 정작 방송에서 언급된 것은 민간어린이집이었죠. 방송국도 찾아가고, 언론중재위원회도 찾아다니며 호소를 했지만 소용이 없었습니다.

또 하나는 리베이트 때문에 회원들이 고통을 많이 받았습니다. 원인은 카드를 사용하지 않은 것 때문이었습니다. 하지만 당시에는 어린이집뿐만 아니라 대부분의 업종에서 카드보다 현금거래를 많이 하던 때였어요. 그런데 현금은 지출 증빙에 한계가 있다보니까... 결국 현금으로 지출한 것은 모두 운영자가 횡령한 것이라는 식으로 결론이 났었죠.

지금 생각해보면 경제가 성장하고, 사회가 변화할 때마다 우리 어린이집에 대한 요구도 계속 바뀌어갔는데 그 부분에 대한 인지가 부족했었던 것 같습니다.

혼자서 할 수 있는 일은 없습니다.

1982년 교사부터 시작해 지금까지 아이들과 함께 하고 있습니다. 혼자였다면 불가능했을 거에요. 서민련 회장일 당시 한어총 회장님이셨던 윤덕현 회장님, 작고하셨지만 서민련 초대회장이셨던 박정혜 회장님, 제가 모셨던 전해순 회장님, 그리고 저와 28년을 함께한 원감선생님이랑 10년 이상을 함께 해오고 있는 선생님들.. 항상 제 뒤를 지켜준 가족과 좋은 말씀만 많이 해주신 은평구 원장님들... 그 분들이 없었다면 제가 이만큼 성장할 수 없었다고 생각합니다.

햇볕은 사람을 차별하지 않습니다.

아이들이 좋아서 시작한 일이고, 아이들이 잘 크는 것을 보며 느끼는 행복감에, 졸업한 아이가 찾아오는 기쁨에 계속 이 일을 하고 있습니다.

어린이집은 아이들이 즐겁게 생활하고, 사회의 첫 친구들을 사귀는 공간입니다.

때문에 그 공간은 따뜻하고 편안해야 하고 그 속에 있는 교사들도 행복해야 합니다.

햇볕은 사람을 차별하지 않습니다. 어린이집에 있는 모두에게 햇볕이 골고루 내리쬐기 위해서는 우리 원장님들의 역할이 중요하다고 생각합니다. 모두가 따뜻한 햇볕을 받아서 꿈을 키우는 민간어린이집, 원장님들이 되시기를 소망하며 힘내시기를 바랍니다. 감사합니다.

PART 3. 하고 싶은 이야기, 남기고 싶은 이야기… 가슴에 귀 기울여 보기

"선입견을 넘어 함께 길을 만들다"

제10·11대 회장 **고성희**
재임기간 : 2013. 02. ~ 2017. 02.
전) 도봉구 한빛어린이집 원장
현) 강북구 탐구어린이집 원장

제가 어린이집을 운영하기 시작한 것은 1997년입니다. 하지만 처음 마주한 현실은 제가 예상했던 것과는 좀 달랐어요. 무엇보다 민간어린이집을 제대로 이해하는 분들이 많지 않았죠. 심지어 정책을 만드는 분들조차 민간어린이집 운영자를 이익만 추구하는 개인사업자 정도로만 인식했어요. 그 선입견을 깨고 싶었습니다.

그래서 고민 끝에 찾은 해답이 연합회 활동이었어요. 아무래도 개인이 발휘할 수 있는 힘은 한계가 있을 수 밖에 없으니까요. 그래서 연합회 활동에 적극적으로 임했고, 민간어린이집이 가지는 역할과 가치를 올바르게 전달하기 위해 노력했습니다.

발상의 전환, 사단법인화와 국공립 전환 제안

연합회 회장이 되고 나서 제일 먼저 고민한 것이 연합회의 지속가능성이었어요. 어린이집 수가 줄어들면서 회비만으로는 운영이 어렵다고 판단했습니다. 그래서 사단법인화를 추진했어요. 사단법인이 되면 추가적으로 여러 가지 활동들을 할 수 있고, 그것을 통해 새로운 수입을 만들 수 있거든요. 아마 시·도 연합회 중 사단법인이 된 것은 서민련이 최초인 것으로 기억합니다.

사단법인화가 연합회 내부적인 문제를 해결하기 위한 방편이었다면, 민간어린이집의 국공립 전환을 제안한 것은 외부적인 문제를 해결하기 위한 것이었어요.

당시 정부와 서울시가 중점적으로 추진하던 정책이 국공립 어린이집 확충이었거든요. 연합회에서는 당연히 반대했지만, 당시 분위기 상 한계가 명확했습니다. 고민 끝에 제시한 대안이 민간어린이집의 국공립 전환이었습니다.

'새로 짓는 것보다 기존의 민간어린이집을 국공립으로 전환하면, 예산은 절감되고 원장 경

력도 이어갈 수 있으니까 서로 윈윈이 될 수 있다고 믿었습니다. 그리고 아이들이 줄어드는데 어린이집이 늘어나는 부작용도 막을 수 있고요.
힘든 결정이었지만 덕분에 더 큰 피해를 피할 수 있었다고 생각합니다.

연합회는 어린이집과는 달라요. 연합회는 개인이 아닌 회원의 공동 목표를 달성하기 위한 곳이죠. 그래서 임원 선출 과정에서도 친분보다 후보가 가지고 있는 가치관과 정책적 비전이 더 중요하다고 생각합니다. 앞으로는 후보자들의 생각을 깊이 들여다볼 수 있는 토론 문화도 생겼으면 좋겠고, 우리가 중심을 잡고 갈 수 있도록 공부하고 고민하는 시간도 깊어졌으면 합니다. 정책은 그냥 따라가는 것이 아니라 '왜, 무엇을 위해'라는 질문을 던질 수 있어야 한다고 믿기 때문이죠.

얻은 것, 그리고 포기한 것
연합회 활동을 하면서 많은 것에 보람을 느꼈습니다. 함께 했던 부회장님들과 지회장님들, 그리고 전임 회장님들 덕분에 힘든 순간도 버틸 수 있었어요. 무엇보다 우리 회원분들이 저를 믿고 지지해 주셨기에 그 모든 것이 가능했다고 생각합니다.
하지만 가족들에게는 늘 미안한 마음을 갖고 있어요. 아이들을 돌보느라 정작 제 두 딸은 돌보지 못했어요. 엄마로서 부족했지만, 그럼에도 잘 자라준 아이들, 늘 힘이 되어준 가족 덕분에 제가 당당할 수 있었습니다.

결국 모든 것은 아이들을 위한 길
돌아보면 연합회 활동은, 특히 회장으로서의 활동은 우리의 것을 얻기 위해 나의 것을 내려놓은 일인 것 같아요.
하지만 그 중심에는 언제나 '아이들'이 있었기에 선입견에 맞설 수 있었고, 그들 앞에 당당할 수 있었습니다.
"선입견과 싸우고 정책을 제안하며 걸어온 길, 결국 모든 것은
아이들을 위한 길이었습니다."

PART 3. 하고 싶은 이야기, 남기고 싶은 이야기… 가슴에 귀 기울여 보기

"진짜 소중한 것들은 눈에 보이지 않는다."

제12대 회장 **안미숙**
재임기간 : 2017. 02. ~ 2019. 07.
전) 성동구 신영창의어린이집 원장

CCTV와 함께한 임기

제 임기가 시작되기 바로 직전인 2016년부터 어린이집의 CCTV 설치가 법제화되었습니다. 지금도 그렇지만 그때는 의무설치가 된 직후라 유독 CCTV와 관련한 민원이 많이 있었어요. 그러나 마음이 아팠던 것은 그로 인해 현장의 분위기가 많이 바뀌었다거죠. 어린이집에서 가장 중요한 것은 신뢰라고 생각했거든요. 이것은 학부모뿐 아니라 교사에게도 매우 중요합니다. 교사가 아이들을 잘 돌보기 위해서는 아이들에 대한 애정 뿐 아니라 본인이 하는 일에 대한 믿음도 있어야 합니다. 내가 하는 일이 가치있는 일이다라는 믿음. 그리고 그 믿음은 학부모가 주는 신뢰를 기반으로 하는데, 그 신뢰가 무너진거죠. 그로 인해 많이 힘들었었죠. 그래서 그때는 서로 함께하고, 위해주고, 아껴주며 힘이 되었던 것 같아요. 서로에게.

퇴근이 없는 민간어린이집 원장의 삶.

퇴근은 말 그대로 업무(勤)에서 물러나는 거잖아요(退). 정해진 시간 이후에는 업무 외 다른 일을 하는 것. 그런데 민간어린이집 원장은 그런 것이 없어요.
집에 가서 밥상을 차리다가도 갑자기 생각나는 것이 있으면 메모하고, 여행을 가서도 어린이집 일에서 빠져나올 수가 없어요.
그런데 그런 것은 누가 시켜서 할 수 있는 일이 아니에요.
해야 하니까 하는 것이고, 또 그런 것이 너무 당연하게 몸과 생각에 베어있는거죠.

진짜 소중한 것들은 눈에 보이지 않는다.

어린이집을 운영하면서 가장 중요한 것은 진솔함이라고 생각했어요. 그래서 항상 '내 아이를 돌보는 마음으로' 이 생각을 제 마음 속에서 내려놓은 적이 없습니다.
그런데 지나고 보니 내 아이를 돌보는 것 이상으로, 훨씬 더 많은 시간과 노력을 우리 (어린이집) 아이들에게 쏟았더라고요. 이건 저 뿐만이 아닙니다.
어린이집을 운영하시는 분들이라면 누구나 공감할 것이라고 생각합니다.
연합회 활동을 하면서 가장 속상했던 일 중의 하나가 바로 이 부분입니다. 이러한 부분에 대한 평가가 공정하지 않다고 생각해요.
대부분의 정부 지원은 한쪽으로 쏠려있거든요. 민간은 개인이 소유한 재산이라는 이유때문에요. 대부분 그 어린이집에 누가 다니고 있는지를 생각하지 않아요. 그 어린이집의 원장이, 교사가.. 아이들을 위해 어떤 노력을 하는지 들여다보지 않습니다. 그저 어린이집의 소유가 지자체냐, 개인이냐.. 이것만 따지는 경우가 많았어요.
그 점이 가장 아쉽습니다.

뭐든지 할 수 있을 것 같은 2005년, 모든 것을 함께한 회장단.

저는 2005년에 어린이집을 시작했어요. 사랑과 열정이 아주 충만한 시기였죠.
하지만 가지고 있던 사랑과 열정을 모두 쏟아내진 못한 것 같아요. 그래서 만약 그때로 돌아가면 후회 없이, 아쉬움 없이, 부족한 것 없이 할 수 있을 것 같아요.
그리고, 제가 연합회 활동을 하면서 휴일없이, 밤낮없이 함께 해준 부회장님들에게 감사드립니다. 그때는 가족보다 더 많은 시간을 함께 보낸 분들이었죠. 정혜경 수석부회장님, 강인숙 부회장님. 윤해순 부회장님. 이경아 부회장님. 김성주 부회장님. 조미자 부회장님. 감사합니다.

"무작정 홀로 앉아 기다리다"

제13대 회장 **정혜경**
재임기간 : 2020. 01. ~ 2023. 02.
현) 금천구 천사마을어린이집 원장
현) (사)한국어린이집총연합회 법무위원장

무작정 홀로 앉아 기다리다.

민간어린이집은 반 운영비가 지원이 됩니다. 그런데 그게 영아반만 지원이 되고 유아반은 지원이 없었어요. 1년 내내 시청과 의회를 뛰어다녀서 어렵게 어렵게 시청 예산과에서 유아반 운영비 예산을 담는데까지 성공했습니다. 그런데 어느날 갑자기 그 예산이 없어졌다는거에요. 예산 심의도 얼마 안 남았는데…

그런데 시장님이 만나고 싶다고 언제든 만날 수 있는 분이 아니잖아요. 그래서 무작정 시청 복도에서 기다렸죠. 시장님을. 어찌나 제 심장소리가 크게 들리던지…

제 평소 행동과 달랐고, 예의에 벗어나는 행동인 줄도 알았어요. 하지만 아무리 생각을 해도 다른 방법은 없었습니다.

오랜 기다림 끝에 시장님과 함께 엘리베이터를 탈 수 있었어요. 시장님이 일정상 시간이 도저히 안되니까 엘리베이터 타는 동안 얘기하자고 말씀해주셔서. 기다림은 길었지만 얘기할 시간은 짧았습니다. 하지만 우리 상황을 전달하기에는 충분했었죠.

민간어린이집 운영이 너무 어렵다. 그러니 꼭 반 운영비 예산이 반영되었으면 좋겠다고. 이런 과정을 거쳐 2022년에 반 운영비 영아반 10만원 인상과 유아반 10만원 신설이 된 것이었습니다.

농사를 짓는 농부의 심정으로

국공립어린이집과 같이 인건비를 지원받는 곳은 매년 인건비 인상분이 자동으로 반영되지만, 보육료 지원을 받는 민간어린이집은 매년 1월에 열리는 보육정책위원회에서 보육료를 올리지 못하면 운영이 정말 어려워집니다.

1년 농사가 그날 하루에 결정되는 것을 너무 잘 알기에 그때가 다가오면 한 달 전부터 쉽게 잠을 이루지 못 하고 많은 고민을 하게 됩니다.
어떤 말로 보육정책위원들의 마음을 움직일 수 있을까? 어떤 숫자를 얘기해야 그들이 이해할 수 있을까? 어떻게 해야 우리의 상황을 온전히 전달할 수 있을까? 그 중압감이 상당합니다.
그럼에도 회장은 그 중압감을 견디며 좋은 결과를 이끌어 내야만 합니다.
이런 의미에서 제가 회장직을 수행하는 동안 올린 차액보육료(2020~2023년 4년간 3세 75,400원, 4·5세 71,600원 인상)는 가장 보람된 일 중의 하나입니다.

연합회의 힘은 회원에서 나온다.
연합회가 발전하려면 인가된 어린이집이 모두 회원으로 가입해야 합니다. 그러기 위해서는 연합회가 회원들에게 많은 것을 베풀어줘야 해요.
그래야 자발적으로 회원 가입을 하게 되고, 그 회원들을 통해 연합회가 힘을 발휘할 수 있거든요.
그리고 결국 연합회는 여야 관계없이 정치인들과도 긴밀한 소통을 해야 합니다. 사회를 발전시키는 것은 과학이지만, 사회를 움직이는 것은 결국 정치이기 때문이죠.
법과 예산. 모두 정치와 관계가 깊습니다.

오세훈 시장님과 13대 회장단.
회장으로 활동하는 동안 많은 분들의 도움을 받았지만 그 중에서도 오세훈 시장님과 저와 함께한 부회장님들에게 감사한 마음을 전합니다.
오세훈 시장님이 '민간도 국공립도 모두 똑같이 아이들을 키우는 어린이집이다.' 라는 인식을 가지고 계신 덕분에 예산도 그렇고, 정책적인 부분에서도 많이 개선되었다고 생각합니다.
그리고 항상 제 옆에서 든든한 버팀목이 되어주셨던, 현 회장님이신 전양숙 수석부회장님, 관악구 구정희 부회장님, 서대문구 김성주 부회장님, 성북구 김향은 부회장님, 이분들은 모두 소중한 저의 인연들입니다.
감사드립니다.

"같이 가는 보육, 가치 있는 보육"

제14대 회장 **전양숙**
재임기간 : 2023. 02. ~
현) 동작구 신영어린이집 원장
현) (사)서울특별시민간어린이집연합회 회장

같이 가는 보육, 가치 있는 보육
회장으로서 저의 목표는 민간어린이집이 안정적으로 운영되고, 경쟁력 있는 어린이집으로 성장시키는 것이었습니다.
그것을 위해서는 우리 모두가 함께 해야 한다고 생각했고요. 왜, 빨리 가려면 혼자 가고, 멀리 가려면 함께 가라는 말이 있잖아요.
외롭고 힘들수록 함께해야 합니다. 고민도 함께, 어려움도 함께… 연합회의 가치는 함께 하는 것이고, 함께 할 때 우리의 가치를 지키고, 새로운 가치를 만들어낼 수 있다고 생각합니다.

책임감은 귀를 열고 마음으로 듣게 한다.
임기 첫 해에는 잠을 이루는게 쉽지 않을 정도로 걱정이 많았습니다. 그래서 주말이면 여러 자료들을 살펴보면서 정책에 대한 연구를 많이 했습니다.
또한 회원들이 하는 모든 말 하나 하나에 신경을 쓰고 고민을 하다보니 항상 무엇가에 쫓기듯 조급함이 있었습니다. 하지만 시간이 지날수록 회원들의 의견을 청취하고 수용하는 마음이 넓어지고 여유로워지다 보니 더 많이, 그리고 더 깊게 새길 수 있게 되었습니다.
공동체에 대한 책임감과 경청.
저는 이것이 회장이 가져야 할 마음과 자세라고 생각합니다.

그곳에 가면 전양숙은 없어진다.
신영어린이집 원장 전양숙은 여유롭고, 차분하고, 여성스러운 사람이에요.
그런데 서민련 회장 전양숙은 그렇지 않습니다.

특히 시청에 가서 정책에 대한 얘기를 하다보면 평소의 부드러운 목소리는 사라지고 목소리의 격이 높아진 저를 발견하게 됩니다. 그리고 화가 생겼어요.
회장되고 처음으로 차액보육료를 결정하는 날이었어요. 민간어린이집은 차액보육료가 굉장히 중요합니다. 차액보육료가 오르지 않으면 어린이집 운영이 굉장히 어려워지거든요. 그런데 그 해 차액보육료 인상률이 전년에 비해 좀 낮았어요. 너무 속상했어요. 눈물이 날 정도로…
그렇게 눈물을 흘리다 도저히 참을 수가 없어서 여성가족정책실장님 방을 박차고 들어가서 격하게 말했던 적이 있었습니다.
그렇게 저 스스로를 의심하고 있을 때, 저를 안아준 것은 우리 회원들이었어요.
부족한 결과였는데도 수고하셨다고, 고생하셨다고 그렇게 격려해주시더라고요.
정말 미안하고 마음이 아팠습니다.

소중한 시간, 소외된 시간
동작구에서 총무 5년, 지회장 3년, 서울에서 수석부회장 3년, 회장 3년… 오랜 시간을 연합회에서 활동했어요. 그러다 보니 언제부턴가 제 삶의 중심에는 연합회가 있었던 것 같습니다. 그 연합회가 30년이 된거에요.
30년. 돌아보니 숱한 기억들이 나더라고요.
지금도 아이들이 없어서 어린이집이 위기고 하는데 생각해보면 지난 30년간 우리가 위기가 아닌 적이 없었던 것 같아요.
민간은 늘 소외되어 있었고, 제외되어 있었거든요.
그래도 우리가 지금 이 자리에 서 있을 수 있는 것은 30년의 역사를 통해서 우리가 한 목소리를 내고, 선배님들이 힘겹게 싸워왔기 때문이라고 생각해요.
그 수혜를 받고 있는거죠.
그 덕분에 민간이 살아있고, 연합회가 존재하고 있다고 생각합니다.

미안한 독립심.
아이들이 엄마를 필요할 때 제가 옆에 있어주질 못했어요. 그러다보니 엄마 없어도 혼자 알아서 하는 아이들이 됐어요. 뭐든지 혼자 해결하려는 것이 강점일 수도 있겠지만, 돌아보니 내가 너무 소홀했다는 생각에 다시 돌아갈 수 있다면 아이들과 함께 이야기도 나누고, 엄마가 해줄 수 있는 것, 해줘야 하는 것들을 하고 싶어요. 너무 독립적으로 커서... 그래서 미안해요.

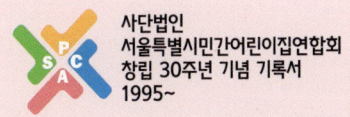

『품다』

PART 4

우리들의 모습,
지회별로 살펴보기

PART 4. 우리들의 모습, 지회별로 살펴보기

▼ 강남구지회

아이들의 꿈을 품고 미래로 나아가는
강남구민간어린이집연합회입니다~

사단법인 서울특별시민간어린이집연합회 창립 30주년 『품다』

▼ 강남구지회

사진	소개
	강남사임당어린이집 김현주 010-2312-9040 세상의 중심, 미래를 키우는 교육으로 인성의 자람터를 만들고 오늘이 행복한 아이가 미래도 행복합니다.
	강남센트럴어린이집 안태숙 010-3506-4573 흙, 돌, 풀, 꽃, 나무와 함께 크는 신명 나는 아이들과 함께 행복한 일상
	강남아이트라움어린이집 김미선 010-8868-0219 아이들이 안전하고 즐겁게 자라는 공간 강남 아이트라움 어린이집입니다.
	강남힐스어린이집 권희수 010-2528-0201 놀이와 교육의 균형. 발달단계를 고려한 단계별 프로그램. 자신감을 갖고 미래를 준비하는 어린이집.
	광림어린이집 홍혜숙 010-9733-5257 매일 반짝! 꿈꾸며 뛰노는 아이들 별빛 세상! 아이가 웃을 때 세상도 웃는 광림어린이집입니다.
	그레이튼어린이집 김영희 010-9004-6868 사랑이 넘치는 건강한 아이로 돌보는 꿈이 가득한 그레이튼 어린이집입니다.
	꿈사랑몬테소리어린이집 임경은 010-5476-9645 아이들마다의 꿈을 교사와 부모가 협력하여 사랑으로 피워내는 어린이집!

PART 4. 우리들의 모습, 지회별로 살펴보기

▼ 강남구지회

사진	소개
	담희어린이집 조은주 010-2371-1120 생각하고 말하고 꿈을 꾸는 담희 어린이집.
	대치아이리베슐레어린이집 강은하 010-5877-7741 창의적으로 생각하고 놀이하는 대치아이리베슐레입니다
	대치아이사랑어린이집 이태경 010-5026-1390 행복한아이, 행복한부모 우리의 미래를 키우겠습니다. 대치아이사랑어린이집
	대치팰리스어린이집 이연주 010-9971-4361 아이들이 밝고 건강하게 즐거운 시간을 보낼 수 있는 행복 가득한 어린이집이에요...^^
	또래어린이집 김미성 010-3118-6318 '나'를 사랑할 줄 아는 마음이 큰 세상에서 함께 더불어 살아가는 힘이라는 믿음으로! 우리 모두 소중한 사람입니다.
	래미안도곡카운티어린이집 전신애 010-3177-3617 친구와 선생님을 만나면 반갑게 인사하고 웃음꽃 넘치게 하루하루를 보내는 어린이집입니다.
	리틀바움어린이집 강지수 010-7566-7796 아이들이 꿈꾸는 미래가 실현되도록 교육하는 리틀바움 어린이집입니다.

▼ 강남구지회

사진	소개
	베베키즈룸어린이집 최숙자 010-6223-0509 영아의 심리적, 정서적 안정을 최우선으로 아이들의 성장과 발달이 결정적인 시기에 다양한 체험활동과 질 높은 교육적 경험을 제공합니다.
	삐아제어린이집 김화춘 010-8153-2909 어린이들이 삐아제어린이집에서 하루를 보내고 부모님의 품에 안전하게 안기며 웃는 순간 아이의 표정 속에서 보람을 느끼며 보육인의 긍지로 살아갑니다.
	사랑어린이집 박민혜 010-5099-6192 잘 놀고 잘 하는 하나님의 지혜로운 자녀를 함께 키우는 사랑 많은 어린이집
	수서서머힐어린이집 조연희 010-5400-8488 몸과 마음이 건강한 어린이, 선생님, 원장이 되자!!!~ 부모님도요~*^^*
	아이큰숲어린이집 홍앙화 010-4300-0685 아이의 눈높이에서 세상을 여는 스마트한 감성 교육장
	아이플러스어린이집 김경희 010-9410-4719 "숲에서 배우고 숲에서 놀고 숲에서 자라는 자연친화 아이플러스에서 함께해요"
	아크로힐스논현어린이집 김부현 010-4263-3255 초심같은 마음으로 사랑이 있는 교육이 세상을 바꾼다

PART 4. 우리들의 모습, 지회별로 살펴보기

▼ 강남구지회

사진	소개
	어린왕자어린이집 최아록 010-4426-3040 인성과 사랑이 으뜸 되고, 창의와 상상, 행복이 함께하는 어린이의 소중한 보금자리
	여명어린이집 이영애 010-2010-2686 소중한 우리 아이, 안전한 환경에서 바른 먹거리, 인성바른 교사가 아이들의 눈높이를 맞추며 행복한 하루를 보내는 여명어린이집입니다.
	역삼래미안어린이집 김현주 010-2997-6428 자기주도적이며 창의적이고 긍정적으로 협력하여 더불어 성장하는 몸과 마음이 건강한 공동체가 되도록 조력하는 역삼래미안어린이집
	초망몬테소리어린이집 김민승 010-2356-0007 세상의 빛인 졸업생의 소식이 들리더니 이제는 학부형으로 다시 오네요. 어린 시절의 경험은 행복이 넘칩니다.
	충현어린이집 김은정 010-2279-9837 가정과 지역사회의 협력을 통해 영유아가 사랑과 존중을 받으며 놀이 속에서 행복하게 성장하는 어린이집
	키즈랜드어린이집 최성화 010-7382-7545 "즐거운 나, 행복한 우리" 아이 한 명 한 명의 즐거움이 모여 모두의 행복이 되는 곳, 키즈랜드어린이집입니다.
	킹스키즈어린이집 김성곤 010-9821-0579 놀이하며 배우는 킹스키즈어린이집, 사랑과 배려로 마음을 나누며, 세계를 품고 꿈꾸는 아이로 자랍니다.

▼ 강남구지회

사진	소개
	해피어린이집 정미영 010-4227-3358 해처럼 밝고 꽃처럼 아름다운 아이들과 함께 배우고 함께 성장하는 해피어린이집입니다.

PART 4. 우리들의 모습, 지회별로 살펴보기

▼ 강동구지회

"함께 웃는 돌봄, 내일을 여는 강동구민간어린이집연합회"

* 2004년 강동구 어린이집 원장 연수 *

▼ 강동구지회

사진	소개
	강동리베라움어린이집 유영애 02-426-0633 사랑이 가득한 공간에서 아동중심 및 아동권리보호를 최우선으로 교육을 시행하는 어린이집
	강동무지개어린이집 김연정 02-473-7662 자율과 존중을 바탕으로 호기심 가득한 창의적인 배움을 실천하는 행복한 어린이집
	강동빅스맘어린이집 신승윤 02-426-8588 자존감 높은 행복한 아이로 키우는 편안한, 그리고 따뜻한 어린이집
	강동아이슐레어린이집 서진영 02-441-0053 다양한 교육으로 아이들이 즐겁게 배우며 성장하고, 차별화된 최상의 교육을 실현하는 어린이집
	고우리어린이집 하애진 02-428-9350 육아의 발달원리를 기초하여 배려와 소통으로 함께 어우러져가는 어린이집
	기린어린이집 강재숙 02-472-7395 주마등처럼 스쳐가는 지난 30년 동안 아이들과 울고 웃으며 별처럼 많은 추억 부자가 되었습니다
	나래어린이집 양진순 02-441-5742 존중 받는 아이, 함께 성장하는 부모 나래어린이집에서 시작하세요.

PART 4. 우리들의 모습, 지회별로 살펴보기

▼ 강동구지회

사진	소개
	다솜어린이집 서남숙 02-442-5520 자연물 놀잇감과 예술활동으로 상상력이 풍부해지는 발도르프 교육을 실천하는 어린이집
	동화어린이집 장춘연 02-2293-9496 아이들이 행복한, 부모님이 행복한, 창의적인 어린이집
	또래또래어린이집 정대순 02-441-1148 "놀이 속에서 자라고 사랑 속에서 배우는 어린이집, 지역이 신뢰하는 보육 공간"
	라온어린이집 변옥자 02-441-9000 24절기. 생태교육을 하고 과정중심 교육. 보육에 최선을 다하는 어린이집
	리틀예홍어린이집 안선용 02-489-3374 안전하고 쾌적한 환경에서 영아반에 맞는 오감 수업으로 우리 아이들이 즐겁고 부모님이 만족하는 리틀예홍 어린이집입니다.
	미소어린이집 오시연 02-3427-3377 작은 순간들이 모여 건강하고 지혜로운 큰 내일을 키워 갑니다.
	배꼽어린이집 김진현 02-472-0494 영유아가 좋은 추억을 남길 수 있는 현장이 되도록 노력하고 있습니다.

사단법인 서울특별시민간어린이집연합회 창립 30주년 『품다』

▼ 강동구지회

사진	소개
	별초롱어린이집 정용숙 02-485-3694 밝고 바르고 건강하게!! 영아들에 행복한 성장과 발달을 도우며 세상을 향한 꿈을 키우는 어린이집
	사랑어린이집 권영희 02-483-5427 아이들은 부족함보다 이미 빛나는 순간으로 가득합니다. 작은웃음 끝없는 호기심 존재자체로 충분히 빛나는 우리아이들...
	상미어린이집 윤혜준 02-478-6715 생각이 자라는 어린이, 신뢰를 바탕으로 전문성을 가진 교사, 자녀와 함께 성장하는 부모 상미어린이집에서 함께 합니다.
	새꼬예미어린이집 유성단 02-479-3054 예수님의 성품을 본받아 사랑과 꿈을 키우며 감사하고 예절 바른 아이로 행복하게 성장하는 어린이집
	성내장미어린이집 유우정 010-3900-0591 아이, 교직원, 학부모 모두가 행복한 어린이집을 만들어가겠습니다.
	성내참사랑어린이집 박정온 02-470-0248 함께하는 놀이를 통해 즐거움을 알아가며 건강한 어린이로 자라는 어린이집^^ 참사랑으로...참사람을...
	성심어린이집 최지운 02-473-5408 30년 동안 아이들의 웃음과 성장을 지켜온 성심어린이집은 부모님의 가장 든든한 동반자입니다.

PART 4. 우리들의 모습, 지회별로 살펴보기

▼ 강동구지회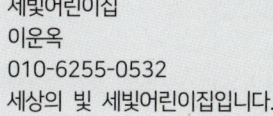

사진	소개
	세빛어린이집 이운옥 010-6255-0532 세상의 빛 세빛어린이집입니다.
	세종어린이집 염은숙 02-487-0746 신나게 놀고 함께 자라며 행복을 키우는 즐거운 세종어린이집
	아영어린이집 정섬례 02-3426-4842 참보육 실천으로 사랑과 애정을 듬뿍 담아 교육과 보육
	아이세움어린이집 김덕희 02-481-6767 햇님처럼 밝게 꽃처럼 예쁘게 서로 사랑하며 건강하게 자라자
	아이숲어린이집 이화영 02-441-1050 숲에서 신나고 행복하게 경험하며 자라는 아동중심! 놀이중심! 교육이 이루어지는 꿈과 사랑이 가득한 어린이집입니다.
	암사신현대어린이집 전순하 02-441-8097 서로의 소중함을 인정하고 매일 건강하게 화이팅!^^
	에덴동산Kids어린이집 최남숙 02-428-4527 영유아들이 행복하고 자신의 생각을 자유롭게 표현하며 사랑과 존중속에서 자신감을 키워나가는 어린이집

▼ 강동구지회

사진	소개
	영재아이짐어린이집 김지영 02-470-9977 양질의 유아교육 프로그램을 계획하고 우수한 교사진을 통해 최상의 유아교육관을 실현합니다.
	예다미어린이집 임민숙 02-471-3379 바른 유아교육을 실천하는 건강한 어린이집
	예맘어린이집 김효선 02-474-7022 영유아의 성장발달의 기초가 되는 시기의 중요성을 알고 발달단계를 고려한 보육과 교육을 진행하면서 영유아의 창의적 성장과 학부모님들과 지역사회 간의 소통을 통해 어린이집 운영과 다양한 서비스를 제공하도록 합니다.
	예일어린이집 장옥경 02-473-3006 머리로 많이 아는 것 보다 마음으로 깊게 느끼며 스스로 알아내는 힘을 키우는 교육장
	오륜어린이집 나연희 02-486-4456 아이들이 놀이 속에서 무한한 가능성을 키워가는 곳! 유아교육 전문가들이 연구하고 만들어가는 따뜻한 어린이집입니다.
	우성어린이집 최선영 02-476-2233 아이 존중과 사랑을 바탕으로 안전한 맞춤 보육을 실천하는 따뜻한 어린이집
	은행나무어린이집 정문희 02-429-4560 영아들의 웃음소리가 가득한 행복한 은행나무어린이집에서 즐겁게 놀이하며 건강하게 성장할 수 있도록 보육하는 어린이집

PART 4. 우리들의 모습, 지회별로 살펴보기

▼ 강동구지회

사진	소개
	이루니키즈어린이집 임경수 02-486-6271 어린이가 꿈을 꾸게하고, 마침내 그 꿈을 '이루는'곳 이루니키즈 어린이집입니다.
	이삭어린이집 정희경 02-426-8496 아이들이 사랑과 놀이로 웃음을 키우는 이삭어린이집입니다.
	이삭숲어린이집 민숙영 02-441-2914 아이와 교직원에 대한 기다림과 존중을 바탕으로 삶의 원형 자연의 경이로움을 깨닫고 함께 성장하려 노력하는 어린이집
	이호어린이집 김명숙 02-477-2555 영유아교육에 적합한 교육환경으로 아이가 행복한 어린이집
	자이맘어린이집 유경희 02-471-1196 긍정적이고 다채로운 경험을 통하여 능력을 배양하고 아이들이 안전하고 행복하게 성장하도록 보육하는 어린이집입니다.
	조은어린이집 최원영 02-3427-4985 세상의 빛이 될 어린이들, 우리의 희망입니다.
	좋은친구어린이집 전형숙 02-481-4584 놀이 속에서 배우고 관계속에서 자라며 모두가 행복한 어린이집

▼ 강동구지회

사진	소개
	지혜로운어린이집 양미정 02-429-5551 아이와 함께 웃고 배우며, 행복한 성장을 지켜가는 든든한 동반자입니다.
	천동어린이집 김수선 02-489-0777 몸과 마음이 건강한 아이로 성장하도록 인성과 바른교육을 실천하는 인생 최초의 행복한 교육기관
	키즈랜드어린이집 주은실 02-476-3821 미래 사회에 필요한 바른 인성의 아이로 자라고 즐겁고 행복한 어린이집
	푸른숲어린이집 김병수 02-476-0607 행복한 육아 -행복한 가정 -행복한 사회를 이루는 푸른숲어린이집입니다.
	프라이어생태어린이집 최경희 02-6402-1400 자연친화적 환경에서 영.유아들이 행복한 생활을 할 수 있도록 최선을 다하겠습니다.
	하임어린이집 김수미 02-476-0535 하임은 "이 땅에 태어난 모든 아이들이 행복한 아이로 자라서, 행복한 가정을 이루고 행복한 세상을 만들도록 돕는 것"을 보육철학으로 삼고 있습니다.
	향기로운어린이집 이재원 02-6471-1235 다양한 환경을 제공함으로써 아이들이 좋아하고 잘하는 것을 찾아주는 교육

PART 4. 우리들의 모습, 지회별로 살펴보기

▼ 강동구지회

사진	소개
	혜윰어린이집 박진례 02-427-7012 감사. 배려. 기쁨이 가득한 어린이집입니다.
	화가마을어린이집 김남옥 02-427-9693 아동중심 보육철학으로 몸과 마음이 밝고 건강하여 미래를 이끌어 갈 유능하고 창의적인 행복하고 아름다운 어린이로 성장하도록 한다.

▼ 강북구지회

강북구민간어린이집연합회는
오랜 전통과 신뢰를 바탕으로 지역사회의 보육 발전을 위해
아이들이 행복하고 부모가 안심할 수 있는 보육환경을 만들기 위해
다양한 노력을 해왔습니다.
우리 연합회는 전통을 이어온 따뜻한 돌봄 문화를 지켜가면서도, 시대 변화에 맞춘 다양한 교육 프로그램과 특성화 활동을 통해 아이들의 전인적 성장을 지원합니다.
음악·미술·체육·자연 체험 등 다채로운 프로그램을 운영하여 아이들이 즐겁게 배우고, 건강한 인성과 창의성을 키워갈 수 있도록 돕고 있습니다.
앞으로도 강북구민간어린이집연합회는 가정, 지역사회와 긴밀히 협력하여 믿을 수 있는 보육, 함께 성장하는 보육을 실천해 나가겠습니다.

PART 4. 우리들의 모습, 지회별로 살펴보기

▼ 강북구지회

사진	소개
	강북솔로몬어린이집 이용화 010-4701-5629 더 나은 내일을 위해 어린이집, 교사, 학부모 상호 간에 유기적인 소통으로 건강한 어린이를 자라나게 하는 행복한 어린이집
	나나어린이집 박현순 010-9338-0705 따뜻한 사랑과 즐거운 놀이로 아이들의 건강한 성장이 자라는 어린이집입니다.
	나이팅게일어린이집 정외숙 010-2362-1848 건강하고 바르고 지혜로운 어린이로 성장 발달을 추구하면서 항상 아이들이 행복하고 교직원이 신나는 어린이집입니다.
	동심어린이집 윤민주 010-7370-8077 바르고 건강한 어린이! 지혜롭고 슬기로운 어린이! 창의 놀이와 누리과정을 중심으로 다양한 창의적 체험활동을 통해 대한민국의 바른 인재를 키웁니다.
	동화나라어린이집 박태욱 010-5580-1215 동화나라의 급훈은 "사랑받는 어린이 사랑하는 어린이"입니다. 아이들이 살아가는 세상에 사랑이 가득하길 바라며 지도합니다.
	비테에어린이집 배문주 010-6533-6000 세계의 주인공으로 자라도록 개별화 교육을 실시하여 영유아의 건강한 성장발달과 조화로운 인격발달을 돕는 비테에어린이집입니다.
	삼양제일어린이집 신계영 010-6475-5815 꿈과 사랑이 가득한 공간에서 아이들이 웃음과 행복을 마음껏 누리며 건강하게 성장하는 삼양제일어린이집

사단법인 서울특별시민간어린이집연합회 창립 30주년 『품다』

▼ 강북구지회

사진	소개
	새서울어린이집 문신원 010-2442-2761 다채로운 체험이 가득하여 아이들의 무한한 잠재력과 꿈을 키워주는 어린이집
	솔로몬영재어린이집 최순자 010-4773-5565 솔로몬영재 어린이집은 사랑과 지혜로 창의력을 키우는 행복한 어린이집입니다.
	솔밭어린이집 한영숙 010-4025-3039 솔밭어린이집은 자연의 향기 속에서 사랑과 배움으로 아이들의 꿈을 크는 어린이집입니다.
	신기어린이집 신윤옥 010-3617-9669 신기어린이집은 다양한 활동과 체험으로 배움이 이루어지는 놀이중심 어린이집입니다.
	아이꿈터어린이집 이규병 010-4312-2202 아이꿈터 어린이집은 사랑과 배움으로 아이들의 꿈과 행복을 키우는 따뜻한 어린이집입니다.
	아이스타어린이집 박기화 010-9259-0761 놀이를 통해 배움의 즐거움을 알고 아이들의 입장에서 먼저 생각하는 영양과 건강을 우선으로 몸과 마음이 즐거운 곳 인성 전인교육 인지발달 교육기관 행복한 웃음이 함께하는 아이스타어린이집입니다.
	예원어린이집 장명순 010-7940-0304 영유아의 전인적 발달과 자율성, 존중을 중심으로 한, 아동 중심의 보육을 하며 발견하고 탐구하는 변화하는 어린이로 자랄 수 있도록 돕는다.

PART 4. 우리들의 모습, 지회별로 살펴보기

▼ 강북구지회

사진	소개
	예인어린이집 이희숙 010-9683-5004 모든 보육을 아동 인권존중에서 시작하는 전인발달을 이루는 어린이집입니다.
	예찬어린이집 유병철 010-6260-7146 직접 보고 느끼는 배움을 통해 아이들은 자연스럽게 성장하며 지역사회 연계를 바탕으로 창의력, 사회성, 인성을 고루 갖춘 아이로 성장하는 예찬어린이집입니다.
	은초롱어린이집 노근숙 010-5324-5575 아이들이 행복하고, 부모가 신뢰하며, 교사가 즐거운 어린이집
	제일어린이집 이윤숙 010-6565-8002 제일어린이집은 믿음과 사랑 속에서 아이들의 건강한 성품과 창의력을 길러주는 어린이집
	지성어린이집 김태연 010-4216-2435 우리 아이들이 안전하고 편안한 환경에서 친구들과 함께 사랑을 나누고 누리며 건강하게 성장할 수 있도록 최선을 다하는 지성어린이집입니다.
	청화어린이집 강희덕 010-9024-8825 따뜻한 돌봄과 체계적 교육으로 아이의 꿈과 가능성을 키워주는 청화어린이집
	효성어린이집 강미영 010-3955-7573 건강하고 창의적이며 인성이 바른 어린이로 성장하는 즐거운 어린이집

사단법인 서울특별시민간어린이집연합회 창립 30주년 『품다』

▼ 강서구지회

'함께 키우는 아이, 함께 여는 미래'
강서구민간어린이집연합회는 영유아의 건강한 성장을 최우선으로
생각하며, 전문성과 따뜻한 돌봄과 전문적인 교육이 조화를 이루는
보육 환경을 위해 연구하고 공유하며
가치있는 발전을 위해 함께 만들어갑니다.
보육교직원의 역량 강화를 지원하고,
보다 나은 보육 정책과 현장을 위해 앞장서는 전문 보육 단체입니다.
아이들의 오늘을 지키고, 내일을 준비합니다.

PART 4. 우리들의 모습, 지회별로 살펴보기

▼ 강서구지회

사진	소개
	강서어린이집 한영실 010-3642-1266 10년, 20년 함께한 부모님이 증명하는 신뢰와 전통의 어린이집! 사랑과 행복 속에서 아이들이 따뜻하게 성장하는 어린이집!
	강서한강자이어린이집 이은영 02-3661-4650 부모와 교사가 동반자가 되어 영아를 함께 지원하는 세상에 태어나 행복한 아이들의 행복한 공간 강서한강자이어린이집
	꼬마숲어린이집 서미란 010-9429-2178 '들로, 산으로, 숲으로' -자연과 더불어 사랑을 키우는 따뜻한 어린이-
	리라어린이집 이정민 010-3268-4568 행복한 성장과 활발한 소통이 있는 곳 아이, 교사, 부모의 행복한 성장을 위하여 진심으로 소통하고 지원할게요!
	마곡사임당어린이집 김민경 010-6394-4227 아이의 작은 생각도 존중받는 공간, 상상력이 현실이 되는 어린이집, 따듯한 사랑으로 행복한 어린이집입니다.
	방화엔젤어린이집 신진희 010-6332-1892 "노는 게 제일 좋아~ 놀이가 배움이 되는 공간!" 어울림의 즐거움이 가득한 매일 가고 싶은 어린이집입니다.
	신영광어린이집 정현정 02-2658-2592 놀이로 배우고 사랑으로 자라나는 행복한 배움터 신영광어린이집

▼ 강서구지회

사진	소개
	썬에듀스쿨어린이집 김정희 010-3176-1300 우리 어린이집 원훈은 사랑, 지혜, 건강, 발표 가득입니다. 전문적인 지식, 역량을 갖춘 선생님께서 교육, 놀이를 지원하여 아이들이 행복하며 성장해 가는 어린이집입니다.
	아란어린이집 한진숙 02-3664-9004 꿈을 가진 아이들이 행복하고 교사와 친구들을 통해 자신이 사랑받는 존재임을 알고 사랑할 줄 아는 자존감 높은 아이로 자라게 한다.
	아이꿈터어린이집 한애란 010-3394-1975 마음껏 놀고, 건강하고, 안전하게 자라는 모두가 행복한 꿈을 꾸는 아이꿈터 어린이집으로 오세요~
	예손어린이집 한금단 010-6259-3610 "행복한 세상을 열어가는 디딤돌이 되는 어린이" 직원 가족이 대를 이어 보내고 있는 어린이집이에요~
	오즈의마법사어린이집 김미옥 010-8338-6162 꽃처럼 아름답게 별처럼 빛나게 세계로 크는 오즈 친구들♡
	이레어린이집 박삼순 010-8707-2505 21세기 글로벌 리더를 육성하는 차별화된 프로그램으로 초등학교에 가면 검증이 되는 원입니다.
	잼잼서밋어린이집 박명희 010-9277-5900 "아이들과 학부모, 교사와의 즐거운 소통이 이루어지는 곳! 편안한 분위기 속에서 건강한 원 생활을 할 수 있어요

PART 4. 우리들의 모습, 지회별로 살펴보기

▼ 강서구지회

사진	소개
	정도어린이집 신효승 010-8763-3844 아이들과 교사가 즐겁고 행복하게 놀이와 경험을 통해 함께 성장하는 아이들의 꽃동산~♥
	지니어스어린이집 김윤영 02-3663-1004 개별 발달 수준에 맞는 언어지도 및 정서적 안정감에 최대한 기여할 수 있도록 교육자와 아이의 개인적 교류를 중시하고 아이들 스스로의 생각과 무한한 능력을 자주적으로 실천하는 어린이가 될 수 있도록 사랑으로 성실히 지도합니다.
	하나영재어린이집 신현석 02-3663-3088 다양한 경험과 놀이를 통하여 창의적인 어린이가 되도록, 교육환경을 제공하는 하나영재어린이집~ 26년 동안 한결같은 마음. 사랑으로 보육, 교육하는 하나영재어린이집입니다.
	해사랑어린이집 박하연 010-6267-7869 "즐거움과 의미 있는 경험의 조합!" 아이들의 행복한 성장이 이루어지는 지속적인 통로의 어린이집입니다.
	해울어린이집 최선화 010-6249-7513 "좋은 성품으로 생각을 키우며 세계를 품는 곳" 원아는 즐겁게 부모는 신뢰로 교사는 자부심으로 지역사회에 가치 있는 해울어린이집입니다.
	해피엔젤어린이집 오채순 010-7408-1623 신나게 놀고 건강하게 지내는 다양한 언어특화 어린이집입니다.
	혜시의사과나무어린이집 하양자 010-3715-9187 혜시의사과나무어린이집은 아이 한명 한명의 잠재력과 감정을 소중히 여기며 전인적 성장을 이끌어갑니다.

▼ 강서구지회

사진	소개
	힐스테이트어린이집 석윤정 010-2375-9360 "가슴은 따뜻하게 생각은 자유롭게!" 아이들의 건강한 성장과 발견의 첫 여정을 함께 할게요.

PART 4. 우리들의 모습, 지회별로 살펴보기

▼ 관악구지회

관악구민간어린이집연합회는
'아이들의 웃음'을 가장 소중히 여기는 사람들이 모여,
더 따뜻하고 더 든든한 보육환경을 만들어가기 위해 함께 걸어가고 있습니다.
우리가 '힘'을 모으면, 아이들의 '하루'는 더 즐겁고,
부모님의 '마음'은 더 안심이 되며,
교사와 원장님들의 '보람'은 더 커집니다.
서로의 지혜를 나누고, 어려움을 함께 이겨내며, 무엇보다도
아이들이 행복한 미래를 꿈꿀 수 있도록
앞장서는 관악구 민간어린이집이 되겠습니다.

▼ 관악구지회

사진	소개
	24시간연세어린이집 조석미 010-3038-4887 24시간연세어린이집은 관악구 행운동에 있으며 종일·24시·시간연장·휴일 네가지 형태로 운영합니다. 놀이는 자체로서 가치다라는 철학을 가지고 운영하고 있습니다.
	꾸러기어린이집 구정희 010-2045-5004 자신감 있는 어린이로 자랄 수 있도록 응원하는 어린이집
	꿈동산어린이집 강미성 010-2736-2611 자신의 일을 똑 부러지게 잘 하고 인성이 바르고. 창의적인 미래형 인재로 키워내는 꿈동산입니다.
	남성교회어린이집 최정현 010-4390-3318 관악구 남현동의 아이들을 향한 사랑으로 가득한 어린이집~ 아이들의 꿈과 소망을 키워가는 어린이집~
	남현어린이집 박미희 010-9063-4910 내 아이가 아니라 세상의 아이로 키우겠습니다.
	당곡1어린이집 서명희 010-8726-6026 초록빛 자연 풍경이 살아있는 어린이집 마당에서 아늑한 자연을 벗 삼은 아이들의 웃음소리가 즐겁게 귀를 간질이고 예쁜 꽃밭과 나비의 멋진 춤을 볼 수 있고 잠자리가 평화롭게 날아다니는 자연친화적인 생태유아교육기관입니다.
	떡잎어린이집 남정숙 010-8512-9344 하나님의 사랑 안에서 교사와 영유아가 함께 자라는 행복한 명성교회부설 떡잎어린이집

PART 4. 우리들의 모습, 지회별로 살펴보기

▼ 관악구지회

사진	소개
	백상어린이집 채인순 010-3262-6154 아이들에게 인성 형성에 꼭 필요한 경험과 꿈을 심어주는 아이들이 행복한 백상어린이집.
	보라어린이집 이명준 010-8189-2792 사랑하며 돕는 마음으로 쑥쑥! 아이들이 밝은 미래를 꿈꾸는 보라 어린이집입니다.
	봄샘푸르지오어린이집 남궁순 010-3388-2811 단지 내 풍부한 놀이터 자연환경을 마음껏 즐길 수 있고 하트 뽕뽕 선생님들의 사랑을 듬뿍 받으며 생활하는 어린이집입니다.
	서울선교어린이집 김은숙 010-4701-7408 서울선교어린이집은 따뜻한 보살핌 속에서 웃음과 배움이 자라는 공간입니다. 아이들의 마음을 존중하며 사랑과 관심으로 돌보고 자연속 체험과 놀이를 통해 스스로 배우고 성장할 수 있도록 함께 합니다.
	성아어린이집 권태연 010-3232-2675 매사에 당당하고 자신감 있는 사람으로 키우는 성아어린이집..칭찬합니다.~!!^^
	소슬어린이집 정숙교 010-6328-7378 가정과 어린이집이 협력하여 사랑과 존중을 받으며 성장하는 성품 바른 소슬어린이집
	신림사임당어린이집 방경진 010-8380-3191 저희 사임당은 영아전문기관으로 아이의 생각을 인정하고 존중해주며 훌륭히 자라도록 돕습니다.

사단법인 서울특별시민간어린이집연합회 창립 30주년 『품다』

▼ 관악구지회

사진	소개
	아이사랑어린이집 황정란 010-7272-0220 21년간 이어온 우리 아이사랑어린이집은 안전하고 따뜻한 환경 속에서 아이들이 놀이와 경험을 통해 스스로 배우며, 성장을 이룰 수 있도록 늘 곁에서 함께합니다.
	예은어린이집 이지은 010-8821-2324 예은어린이집의 자랑은 '사람'입니다. 저희를 믿고 함께해 주신 학부모님, 언제나 아이들을 위해 노력하는 선생님, 그리고 밝게 자라는 아이들 모두가 예은어린이집의 가장 큰 힘입니다.
	육영어린이집 한미숙 010-3560-0099 최고가 되기 보다 최선을 다하며, 책임감과 성실한 자세로 운영하는 아이와 부모가 만족하는 미래를 책임지는 육영어린이집입니다.
	은현어린이집 김미경 010-8448-3395 아침에 눈을 뜨면 생각만 해도 가슴 설레이고 사랑스런 아이들 평생 함께하기를 소망합니다.
	재능어린이집 주재연 010-9080-6171 재능어린이집은 시간연장교육으로 맞벌이 자녀들이 늦은시간까지 보육과 교육으로 꿈과 사랑이 넘치는 어린이집입니다.
	전박사어린이집 전영순 02-873-7208 한국 몬테소리의 시작점이며, 진심이 서울에 ~~~ 관악구에 ~~~ 있습니다!!
	젬젬어린이집 박희정 010-8815-9645 아이들의 눈높이에 맞춰온 27년의 경력을 가진 젬젬 어린이집 원장 박희정입니다. 아이 하나하나를 보살핌이 아닌 존중으로 대하는 원장으로 교사와 부모, 아이가 함께 자라는 젬젬 어린이집을 운영하고 있습니다.

▼ 관악구지회

사진	소개
	큐티프리스쿨어린이집 유지영 010-7374-5669 아이의 작은 웃음이 큰 행복이 되는 공간 오늘도 아이들의 하루가 반짝이도록 언제나 함께 하는 큐티프리스쿨
	크레용어린이집 홍선표 010-2001-0660 크레용어린이집은 관악구에서 유일한 민간영아전담어린이집입니다. 무엇보다 영아들 존중하고 표준교육과정에 준한 놀이중심으로 가정집과 같은 편안한 환경에서 영아들을 안전하게 보육하는 어린이집입니다.
	푸른솔어린이집 윤해순 010-6793-5475 대한민국의 자랑이며 다음 세대의 보배들과 함께 32년을 걸어 왔습니다. 보육의 현장은 어려움이 많았지만 아이들과 교직원들의 수고와 부모님들의 응원, 그 사랑에 힘입어 걸어온 길이 자랑스럽습니다.
	푸른어린이집 유옥선 010-9177-4931 푸른어린이집은 '건강한 어린이, 행복한 어린이, 서로 돕는 어린이'라는 원훈으로 영유아의 생각과 흥미를 존중하고 이를 바탕으로 의미 있는 교육이 이루어지도록 아동중심 보육철학을 바탕으로 발달에 적합한 보육프로그램을 실시하고 있습니다.
	하나어린이집 김윤숙 010-6277-6224 30년의 전통을 유지하고 있는 하나어린이집입니다. 아이와 부모님과 교사가 행복한 어린이집입니다.
	한울어린이집 임영아 010-3672-9497 교사의 행복을 기반으로 유아의 전인적 성장을 지향합니다.
	행복한어린이집 임경자 010-2205-0596 자연과 함께 놀이를 통해 창조적사고를 갖추고, 더불어 사는 역량을 갖춘 인재로 자라나는 행복한 어린이집

▼ 광진구지회

"광진구민간어린이집연합회는
아이들의 건강한 성장과 행복한 미래를 위해
함께 연구하고 협력하는 보육 공동체입니다."

PART 4. 우리들의 모습, 지회별로 살펴보기

▼ 광진구지회

사진	소개
	광진어린이집 한선열 010-5306-7845 아이중심, 놀이중심, 현장 자율성 확대를 운영방침으로 표준보육과정과 누리과정을 기본으로 어린이를 주인으로 모시고 신나게 놀면서 배우며 창의성을 기르는 영재교육을 합니다. 독서는 영재를 만듭니다.
	늘평화어린이집 홍경래 010-5541-8318 아이 하나하나가 빛날 수 있는 어린이집입니다.
	다예린어린이집 김유임 010-6595-7857 몸과 마음은 건강하게 건강한 아이 건강한 가족 건강한 어린이집 그래서 서로 신뢰를 바탕으로 더 건강하게 잘 놀자
	리틀지니어스어린이집 정현희 010-7115-8444 생각이 자라고 꿈이 싹트는 리틀지니어스어린이집
	보배어린이집 문용숙 010-4783-9000 교사가 행복해야 아이가 행복하고 아이가 행복하면 부모님도 행복하다는 생각으로 교사들을 정서적으로 공감해 주고 편안한 근무 환경을 조성해 줍니다
	사임당어린이집 조현순 010-9969-0883 가족 같은 사랑 "대를 이어가는 사랑, 모두가 한 가족처럼!"
	솔로몬어린이집 박미희 010-8939-3914 좋은 나무, 좋은 열매

▼ 광진구지회

사진	소개
	신나는어린이집 남창란 010-7630-2814 신나게 뛰어놀고 맛있게 먹고 함께 놀자.
	아이들세상어린이집 이시현 010-3226-5773 사랑하는 내 아이가 자라는 곳
	아이비키즈어린이집 김연희 010-5233-3442 "아는 만큼 보인다"를 책과 체험을 통해 실천하는 글로벌 리더의 시작 아이비키즈
	아이짐어린이집 이미숙 010-3245-8745 "숲에서 놀면 행복해요" 사계절을 느끼며 행복하게 뛰노는 아이짐입니다.
	엄마사랑어린이집 박연숙 010-3796-7641 엄마처럼 따뜻하게 내 아이를 안심하고 맡길 수 있는 곳, 부모가 먼저 감동한 어린이집입니다.
	영화어린이집 노영선 010-9246-1622 즐겁고 오고 싶은 안전한 어린이집
	예랑어린이집 김은희 010-8722-2430 예랑어린이집은 누구나 행복하고 즐거운 곳입니다.

PART 4. 우리들의 모습, 지회별로 살펴보기

▼ 광진구지회

사진	소개
	예일어린이집 예명숙 010-7710-8411 함께 생각하고 나누며 지속가능한 가치를 추구하는 어린이집입니다.
	자양민들레어린이집 김정화 010-5034-4973 사랑받는 아이, 사랑하는 아이, 행복한 아이
	중곡4동어린이집 이혜경 010-8212-2704 신나게 놀고, 다양한 체험을 통해 자신의 꿈을 키워나갈 줄 아는 바른 인성을 가진 아이로 성장하는 중곡4동어린이집
	지안어린이집 신정 010-5229-5559 아이의, 아이에 의한, 아이를 위한 어린이집! 아이들과 교직원들에게 끊임없이 새로운 경험과 활동들을 찾아 선사합니다. 매일 매일이 새롭고 즐거운 어린이집, 아동의 자율적 선택권을 존중합니다.
	키즈용맹어린이집 신미자 02-453-5210 오늘의 작은 경험이 아이의 가능성을 키웁니다.
	파크빌어린이집 손현경 010-3210-8348 서울형·모아어린이집인 우리 원은 아이와 부모, 교직원 모두가 행복한 곳이며, 공동체 어린이집들과 협력하며 함께 자라고 있습니다.
	푸르내어린이집 이은영 010-5693-0418 "아이들이 행복한 어린이집 만들기" 교사가 행복해야 아이들이 행복하고 아이들이 행복해야 부모가 행복해집니다.

▼ 광진구지회

사진	소개
	한국중앙어린이집 고현미 02-467-6824 하나님과 많은 사람들에게 사랑받고 그 사랑을 많은 사람들에게 나누며 다음 세대 리더자로 세워가는 한국중앙 어린이
	한라어린이집 박효원 010-5021-5227 소중한 아이가 행복한 한라어린이집
	한울어린이집 나윤옥 010-7229-7691 "놀이로 배우고 놀이로 성장하는 행복한 곳" 아이의 오늘을 소중히! 아이의 내일을 함께 기대합니다.
	해든어린이집 김경미 02-463-0942 뿌리 깊은 좋은 나무에서 좋은 열매가 자라나는 해든어린이집입니다.

PART 4. 우리들의 모습, 지회별로 살펴보기

▼ 구로구지회

구로구의 영유아 아이들을 위해,
구로구의 어린이집을 위해 보다 나은 보육환경을 만들어 가는
구로구 민간어린이집입니다.

사단법인 서울특별시민간어린이집연합회 창립 30주년 『품다』

▼ 구로구지회

사진	소개
	광진선교어린이집 민주은 010-3766-6919 사랑과 존중을 바탕으로 아이들 한 명 한 명의 소중한 성장 과정을 함께하며 꿈을 키우는 광진 선교 어린이집
	광진어린이집 박선옥 010-7794-6229 아이 중심! 건강하고 안전한 환경! 부모님들과 소통과 협력으로 함께 만들어가는 광진어린이집입니다.
	구로삼성어린이집 김정연 010-9744-8972 신나는 놀이 속에 아이의 웃음과 배움이 자라는, 최고의 선택! 구로삼성어린이집
	꿈나래어린이집 송미남 010-3041-0090 따뜻한 감성과 창의성이 풍부한 아이들 교육, 행복한 아이들의 꿈 터! 꿈나래어린이집
	다솜어린이집 유경순 010-9173-4325 사랑과 믿음으로 아이들의 미래를 함께할 행복한 어린이집
	대건어린이집 서수경 010-5732-7017 아이와 부모, 교사 모두가 함께 꿈꾸고, 함께 성장하는 행복한 어린이집
	대광어린이집 염정신 010-5639-9535 대광어린이집은 영유아와 학부모 선생님이 믿음 소망 사랑 안에서 놀며 배우며 자라 갑니다.

PART 4. 우리들의 모습, 지회별로 살펴보기

▼ 구로구지회

사진	소개
	동아리틀어린이집 고규선 010-5048-2954 사랑으로 품고, 놀이로 채우며, 행복으로 함께하는 동아리틀어린이집
	동아어린이집 김민자 010-7517-0078 면역력을 키워주는 좋은 음식과 긍정적인 언어 사용으로 영아들이 건강하고 편안한 동아 어린이집
	디큐브어린이집 박은의 010-9991-9089 글로벌 리더들의 행복놀이터
	또래친구어린이집 서연 010-5645-5615 우리 아이의 창의력과 상상력을 무럭무럭 키워주는 꿈과 희망을 키워주는 또래친구 어린이집
	롯데어린이집 김현숙 010-8361-2504 아이들의 즐거운 노래소리, 행복한 웃음소리, 아이들천국 롯데어린이집
	맑은샘어린이집 하정옥 010-5623-1339 밝고 맑게 자라는 아이들의 행복한 배움터 맑은샘 어린이집
	미키몬테소리어린이집 방인자 010-9778-3237 아이들의 빛나는 미래를 꿈과 사랑으로 키워가는 미키 몬테소리 어린이집입니다.

▼ 구로구지회

사진	소개
	바우솔어린이집 유형숙 010-3853-6353 귀한 아이들과 선생님들이 함께하는 행복놀이터 바우솔어린이집
	본동어린이집 김정임 010-6553-6529 아이들을 소중히 여기며 가정과 지역사회와 함께하는 따뜻하고 편안한 어린이집
	새날어린이집 문옥자 010-8448-1381 아이 웃음~ 부모님 행복~ 선생님 사랑 웃음·행복·사랑이 넘치는 새날어린이집
	새솔어린이집 장정인 010-3458-7170 사랑과 웃음이 넘치고 꿈이 있는 어린이집
	새연어린이집 전윤자 010-6649-9972 감사하는 부모 감동하는 교사 존중을 배우는 아이들 새연어린이집
	성민어린이집 남순단 010-8779-1040 똑똑한 아이보다 똑바른 아이로 틀림보다 다름을 인정하는 아이로 혼자보다 더불어 살아가는 아이들이 매일 숲에서 놀이하는 성민어린이집
	세라핌어린이집 곽효자 010-2707-6734 세라핌 어린이집은 사랑받고 사랑을 나누며 좋은 성품이 자라는 행복한 어린이집입니다.

PART 4. 우리들의 모습, 지회별로 살펴보기

▼ 구로구지회

사진	소개
	수잔나어린이집 전미송 010-3207-8156 건강한 어린이 지혜로운 어린이 은혜로운 어린이로 자라는 수잔나 어린이집
	아이빌어린이집 이미영 010-9379-5501 예수님의 사랑으로 글로벌 영재로 키워가는 아이빌어린이집
	열린어린이집 허윤주 010-8943-7826 더 행복하고, 더 웃음이 가득하며, 더 사랑이 넘치는 곳 열린어린이집
	예능어린이집 박선의 010-9094 -8788 다양한 놀이와 체험을 준비했어요. 예능어린이집에서 함께해요 사랑하는 우리아이들의 소중한 출발을~
	예쁜별어린이집 김명숙 010-5413-2631 마음은 즐겁게 행복은 올바르게 라는 원훈으로 바르게 자라면서 즐거운 어린이집
	예쁜튼튼어린이집 김경인 010-6738-8850 안전하고 건강한 보육환경과 연령별 발달특성에 맞춰 교육하는 사랑 속에 행복한 예쁜튼튼어린이집
	위브어린이집 최영화 010-5187-0327 아이들이 즐거운 어린이집 부모가 믿고 맡기는 어린이집

▼ 구로구지회

사진	소개
	은별어린이집 윤화자 010-5048-7053 교사들은 애정과 열정이 있고 아이가 중심인 행복한 원! 텃밭. 숲 프로그램 등 다양한 활동으로 호기심, 창의성, 즐거움이 있는 원
	은솔어린이집 한경숙 010-8662-3164 튼튼한 몸과 마음이 자라는 은솔어린이집
	이편한어린이집 차수현 010-9160-5629 한 명 한 명 다르지만 모두 소중한 아이들의 개성을 존중하며, 늘 아이들의 시선에서 생각하고 지지해 주는 어린이집
	장미어린이집 권윤영 010-7504-7006 생태 활동을 즐기며 바른 인성을 키워가는 행복한 어린이집
	재크어린이집 박경란 010-3874-3623 마음껏 웃고 마음껏. 소리치고 마음껏 누리고. 놀자
	제이백합어린이집 김혜승 010-9067-7001 우리 아이들과 '밝은 마음 열린 생각' 따뜻한 마음으로 언제나 함께하는 행복한 제이백합어린이집
	중앙하이츠어린이집 이진옥 010-89422929 아이들의 꿈과 상상력이 무럭무럭 자라나는, 따뜻한 보금자리 중앙하이츠어린이집

PART 4. 우리들의 모습, 지회별로 살펴보기

▼ **구로구지회**

사진	소개
	큰나무어린이집 정숙희 010-5355-3815 "마음이 자라고, 생각이 크는 곳"
	큰다우리발도르프어린이집 이혜련 010-2087-8744 자율적인 어린이! 창의적인 어린이! 내면이 단단한 아이로 자라는 큰다우리발도르프어린이집
	한마을어린이집 허금숙 010-3688-2621 유아들의 바른 성장과 함께하는 27년 전통의 한마을 어린이집입니다.
	한양키즈어린이집 김애숙 010-8732-0106 엄마 ~, 오늘도 어린이집가요? , 응~ 야호~ 신난다 ~^^ 놀면서 자라는 행복한 한양키즈~
	현대힐스어린이집 유도경 010-7309-8789 신나게 놀고, 즐겁게 배우고, 몸과 마음이 건강하게 자라는 어린이집
	현경어린이집 박현경 010-8958-6191 아이들은 신나고 부모님은 안심하는 행복한 현경어린이집~!
	현일어린이집 김가희 010-8633-5455 사랑이 일상이 되는 곳, 따뜻한 하루가 시작되는 곳, 사랑과 신뢰로 우리 아이의 첫걸음을 함께하는 현일어린이집

사단법인 서울특별시민간어린이집연합회 창립 30주년 『품다』

▼ 구로구지회

사진	소개
	혜지어린이집 박연순 010-2712-0786 아이들이 편안하고 행복한 공간 혜지어린이집

PART 4. 우리들의 모습, 지회별로 살펴보기

▼ 금천구지회

"우리가 키우는 건 오늘의 아이, 그리고 내일의 세상입니다!"
보육의 중심에 금천구민간어린이집연합회는
함께 성장하고 함께 나아갑니다.

사단법인 서울특별시민간어린이집연합회 창립 30주년 『품다』

▼ 금천구지회

사진	소개
	믿음어린이집 권옥주 010-2013-3316 ♬ 어린이가 처음 만나는 행복한 세상 ♬ 이라는 슬로건처럼 우리 어린이집은 잘 웃고 잘 먹고 잘 노는 편안함을 추구하는 아이들의 꿈터 입니다.
	생명어린이집 김남경 010-3677-8027 건강하고 지혜롭고 믿음직한 어린이, 생명의 빛을 밝히는 생명어린이집
	세광어린이집 조양숙 010-3283-6597 "사랑과 존중으로 함께하는 배려를 배우고 사랑을 실천하는 어린이집"
	에덴어린이집 우미정 010-9002-1559 "아이들의 해맑은 꿈을 쑥쑥 키워주는 웃음과 사랑이 넘치는 어린이집"
	엔젤어린이집 김순복 010-2699-2892 "어린이와 부모와 선생님의 마음을 함께 공감해주는 모두가 행복한 어린이집"
	열매어린이집 조서영 010-9246-5868 크게 생각하고 항상 감사하며 바른 꿈을 키워 나가는 열매 어린이집
	예뜰창의어린이집 김인순 010-8950-3189 자연과 함께, 가정처럼 자유롭고 편안하게, 사랑을 받고 사랑을 주며 자라는 삶의 터전

PART 4. 우리들의 모습, 지회별로 살펴보기

▼ 금천구지회

사진	소개
	은혜어린이집 전계현 010-4735-9691 "엄마의 마음으로 보살피고 아이의 작은 소리에도 귀 기울이는 행복한 어린이집"
	천사마을어린이집 정혜경 010-4466-8004 첫째부터 일곱째 자녀까지 ! 믿고 맡겨 주시는 천사마을 어린이집!! 친정 같은 든든함♡ 천사마을이 함께 합니다♡♡
	청담어린이집 최수정 010-5721-1393 밝은 웃음으로 하루를 시작하는 우리 아이들, 그 곁에는 늘 행복한 청담어린이집이 있습니다.
	푸른솔어린이집 이미자 02-859-7786 함께하는 모든 하루가 특별한 성장의 순간이 됩니다.
	황성영재어린이집 서미희 010-8347-0450 선생님과 학부모가 함께하는 행복한 어린이집

▼ 노원구지회

노원구민간어린집연합회는
영유아의 발달을 위해 보육·교육의 프로그램 향상을 위한
교류를 하고 있으며, 지역사회연계, 가정 연계 지원,
지역의 복지 기여 활동 등을 통해 사회적 신뢰를 구축하여
함께 성장하는 보육공동체를 실현하는 단체입니다.

PART 4. 우리들의 모습, 지회별로 살펴보기

▼ 노원구지회

사진	소개
	대림어린이집 이수진 010-8389-8249 감사하는 행복한 어린이, 오감을 자극하며, 자기주도적으로 놀이하는 창의적인 어린이가 되기위한 교육의 장이되는 대림어린이집
	샬롬어린이집 이미영 010-3921-0602 주님이 주시는 지혜와 능력을 가지고 맡겨진 어린이집의 영유아기의 친구들에게 행복하고 즐거운 추억과 행복으로 긍정적인 영향을 미치다
	예뜨랑어린이집 윤혜영 010-9388-3434 30년 아이들과 웃고, 울며 지낸 시간들 감사와 보람으로 행복했고 내 삶의 가장 큰 빛이며 원동력이다.
	월계숲속어린이집 이영숙 010-2312-8065 숲 속에서 자연을 벗삼아 자라며 큰 생각과 따뜻한 마음을 키우는 어린이집
	키즈브라운어린이집 이재영 010-2234-3102 세상에서 가장 소중한 보석은 아이들의 웃음, 너희들의 웃음은 세상에서 가장 예쁜 꽃으로 피어날거야.
	풍림꿈모리어린이집 이혜정 010-4816-7591 건강하고, 행복하고, 신나는 민간어린이집이 될 수 있도록 언제나 연구하고 노력하는 원장이 되고자 합니다. 서울시 민간 어린이집 화이팅!!
	향기어린이집 백향기 010-2728-1159 향기어린이집은 놀이하며 배우고 생각을 키워가는 몸과 마음이 건강한 아이들의 놀이터입니다. '서울형 시간제전문 어린이집'으로 지정 운영.

▼ 노원구지회

사진	소개
	희망나래어린이집 장문자 010-6253-3001 졸업생들이 잊지 않고 찾아오는 희망나래 어린이집, 야간연장 시설로서 아이와 부모님, 교사 모두가 행복한 어린이집

PART 4. 우리들의 모습, 지회별로 살펴보기

▼ 도봉구지회

도봉구민간어린이집연합회는
영유아의 건강한 성장과 행복한 삶을 위해 함께 연구하고 실천하는
전문적 보육 공동체입니다.
단순한 돌봄을 넘어 미래를 준비하는
교육의 시작으로 바라보고,
모든 아이가 존중받으며 자신만의 잠재력을 발휘할 수 있도록 돕고 있습니다.

▼ 도봉구지회

사진	소개
	꿀벌어린이집 김미성 010-2991-3575 꿈을 그리며 꿈을 가꾸고, 그 꿈을 실현하는 교육 어린이들의 20년 후를 생각하는 미래 지향적인 교육을 실천하고자 합니다.
	노벨어린이집 박선안 010-8938-4562 사랑과 행복이 넘치는 곳, 노벨어린이집은 아동과 교사, 학부모가 모두 행복한 어린이집입니다!
	두발로어린이집 신미섭 010-2211-4063 본원은 장애아동 부모님들의 양육부담을 덜어주고 부모님들의 안정적인 경제활동을 지원하며 장애아동의 조기 재활 교육에 주력하는 장애아동전담어린이집입니다.
	둥근달어린이집 정명희 010-4193-1045 다양한 활동을 함께하면서 몸도 마음도 쑥쑥 자라는 둥근달 성품 리더들이 자라는 곳입니다.
	상상어린이집 김현경 010-8234-4506 친환경 소재로 신축한 깨끗하고 편안한 상상 어린이집은 어린이를 인격적으로 존중하고 사랑하며, 영유아의 올바른 성장과 전인교육을 돕는 종합 활동의 장입니다.
	서머힐어린이집 임선화 010-4714-3569 창의적이고 적극적인 학습환경을 제공하여 영유아들과 보육교직원의 성장을 도와주며, 안전하고 행복한 공간을 만드는 곳 서머힐어린이집입니다.
	세인어린이집 조석제 010-6256-5230 꿈꾸는 어린이, 어린이를 사랑하는 세인어린이집은 종일제 보육과 시간제 보육을 지원하며, 부모님들께서 안심하고 맡길 수 있는 안전한 어린이집입니다.

PART 4. 우리들의 모습, 지회별로 살펴보기

▼ 도봉구지회

사진	소개
	신세인어린이집 정숙현 010-4744-5202 신세인 어린이집은 서울시 지정 영아전담 어린이집으로 영아들이 행복을 나누며 생활하고 부모님들은 안심하고 경제생활을 할 수 있도록 지원하고 있습니다.
	쌍문삼성어린이집 조기연 010-4561-4795 쌍문 삼성어린이집은 삼성의 보육사업의 일환으로 어린이의 밝고 건강한 성장을 도모하고 여성의 안정된 사회참여를 지원함으로서 가정 복지 증진과 함께 사는 건강한 사회를 만들고자 노력하고 있습니다.
	에코빌어린이집 조헌정 010-2320-1962 영유아에게 적정한 환경과 전문적인 보육서비스를 제공함으로써 영유아의 전인적인 발달과 보호자의 경제적, 사회적 활동을 지원하여 가정 복지 증진을 돕는 에코빌 어린이집!
	엘림어린이집 신숙경 010-4818-6569 좋은 생각, 좋은 말, 좋은 행동을 통해 좋은 성품으로 자라는 엘림어린이집입니다.
	예아어린이집 김미리 010-4121-3156 자연 속에서 맘껏 뛰놀고 안전하게 자라는, 아이, 교사, 부모 모두가 행복한 예아어린이집입니다.
	유유어린이집 허숙정 010-8782-7195 아이들의 생활과 흥미에 기초하여 자연스럽고 의미있는 주도적인 놀이가 이루어지는 유유어린이집으로 놀러 오세요~
	유정어린이집 이미영 010-3369-1955 105평 대지에 조성된 유정어린이집은 사랑이 많고 항상 연구하는 선생님들과 사랑스러운 아이들이 즐겁게 생활하는 곳입니다.

▼ 도봉구지회

사진	소개
	주은어린이집 전영희 010-3298-5095 자연과 함께 하는 어린이집, 주은 어린이집에서 행복을 키워주세요~
	태영어린이집 정은 010-3674-4843 태영아파트 단지 내에 위치한 아담하고 아늑한 어린이집이며 "하나님을 사랑하는 건강하고 행복한 사람, 지혜롭고 서로 돕는 사람"이라는 원훈 아래 어린이를 이 세상에서 최고라고 생각하는 사랑이 가득하고 성실한 교사들이 꾸려가는 어린이집입니다.
	해바라기어린이집 강주옥 010-6332-6091 장애아동을 하나님의 사랑으로 돌보며 그 가정에 복음을 전하고자 설립된 해바라기 장애전담 어린이집은 지역에 거주하는 장애아동들에게 치료 서비스 및 조기교육을 통하여 정신적, 신체적, 영적 성장을 기할 수 있도록 하고 돕고 있습니다.
	햇살마루어린이집 길미애 010-8252-3069 아이들의 하루가 행복한 곳, 햇살처럼 따뜻한 사랑이 가득한 배움의 터전, 아이들의 밝은 미래를 함께 만들어가는 햇살마루어린이집입니다.
	현대어린이집 이미숙 010-5555-5532 믿음, 소망, 사랑 안에 영아들의 꿈을 키워주는 현대어린이집은 안전하고 즐겁고 행복한 교육공간입니다!

PART 4. 우리들의 모습, 지회별로 살펴보기

▼ 동대문구지회

"함께라서 더 빛나는 우리! 동대문구어린이집연합회를 소개합니다!"
동대문구에서, 아이들의 밝은 미래를 함께 만들어가는
"동대문구어린이집연합회"입니다!
저희 연합회는 단순한 모임이 아니에요! 우리 동대문구의 모든 원장님들이
"서로서로 든든한 버팀목"이 되어주고 있답니다.
힘든 순간에는 서로 토닥여주고, 어려움이 닥치면 두 팔 걷어붙이고
함께 지혜를 모아 해결해나가죠!
혼자라면 힘들었을 일도, "함께라서 기쁨은 두 배, 어려움은 반으로" 나누는 따뜻한
마음들이 모여있어요. 아이들을 향한 진심 하나로 뭉쳐, 우리 동대문구 아이들이
세상에서 가장 행복하게 꿈을 키울 수 있도록 늘 고민하고 노력하는 곳이랍니다!
원장님들의 소중한 경험과 따뜻한 마음이 한데 모여,
아이들에게는 "더 안전하고 즐거운 보육 환경"을,
부모님들에게는 "더욱 신뢰할 수 있는 울타리"를 만들어주고 있습니다.

▼ 동대문구지회

사진	소개
	늘봄어린이집 김향희 010-6366-3095 소중한 아이, 사랑받는 아이, 건강한 아이들이 뛰어 노는 늘봄어린이집
	늘푸른어린이집 박일순 010-4510-8439 존중받으며 다니고 싶은 늘푸른 어린이집. 근무하고 싶은 늘푸른 어린이집, 믿고 보내고 싶은 신뢰하는 늘푸른어린이집
	동아어린이집 박병애 010-2271-6635 아이들의 행복을 디자인 하는 ^공감놀이터^입니다
	동화어린이집 김순복 010-8785-4251 장애통합, 시간연장으로 부모님이 믿고 맡길수 있는 모두가 행복한 어린이집
	래미안위브어린이집 김문희 010-9048-1961 매일 한 뼘씩 생각의 키가 자라는 미래 인재들의 행복한 놀이터~ 래미안위브 어린이집
	리치예성어린이집 최수진 010-8586-8809 아이에게는 따뜻한 사랑을. 부모에게는 든든한 안심을 주는 리치예성어린이집
	빛나어린이집 박정연 010-3757-0141 다문화. 야간시간 연장운영 몬테소리교육 글로벌시대 맞춤보육으로 함께 어울려 살아갈수 있도록 돕고 있음

PART 4. 우리들의 모습, 지회별로 살펴보기

▼ 동대문구지회

사진	소개

빛초롱어린이집
남선희
010-8986-6147
사랑으로 아이들을 보육하는 따뜻한 어린이집

사군자어린이집
한인희
010-6225-5801
밝고 따뜻한 교사들의 돌봄으로 스스로 배우고 성장 해나가는 사랑이 충만한 어린이집

삼성영재어린이집
강명화
010-3747-3151
*생각주머니가 쑥쑥 자라는 배움과 놀이~
*아이들 교직원. 부모들이 믿고 신뢰하는 건강하고 행복한 어린이집

새하늘어린이집
박운영
010-4009-9940
자존감 높고 행복한 아이로 자랄 수 있는 곳! 새하늘어린이집

솔샘숲어린이집
최진기
02-3394-7724
<유아교육은 가르침이 아니라 행동입니다.>

신현대어린이집
김열매
010-3209-0127
저희 어린이집은 영아 전담 기관으로, 아이 한 명 한 명의 발달 특성을 존중하며 아이 중심·놀이 중심 보육을 실천하고 있습니다.

아뜰어린이집
최윤희
010-9666-7897
'잘 노는 아이들이 잘 자란다'는 교육철학을 가지고 100년을 담을 건강한 그릇을 만들기 위해 노력하는 어린이집입니다.

사단법인 서울특별시민간어린이집연합회 창립 30주년 『품다』

▼ 동대문구지회

사진	소개
	어린왕자어린이집 이소정 010-2269-6158 놀이.그림책.디지털.부모협력으로 미래를 여는 어린왕자 어린이집
	용두동어린이집 김영매 010-7149-3049 매일 매일 행복을 선물할게 놀이하며 성장하는 행복한 어린이집
	이화어린이집 장인숙 010-6260-0207 밝고 건강하게 자존감을 키워줍니다.
	장안현대어린이집 문혜원 010-2063-7286 기본생활습관 사회정서학습 소크라테스식 구술법 소통과 협력을 통한 개방형어린이집 일하는 부모를 위한 시간 연장반의 석식제공
	조은어린이집 이세정 010-6263-0206 3-5세 누리과정반만 운영하며 최첨단 스마트화(AI활용로봇/키즈콕/플레이코딩)된 모든 교실운영
	중앙삐아제어린이집 한은혜 010-9792-0515 건강한 중앙삐아제, 책읽는 중앙삐아제 자연,놀이,건강한 루틴, 별처럼 빛나는 아이들.
	포르테몬테소리어린이집 장하영 010-5297-0271 "가정·지역사회와 연계 및 영유아 인성교육 및 부모 맞춤형 고품격 보육 실현."

PART 4. 우리들의 모습, 지회별로 살펴보기

▼ 동대문구지회

사진	소개
	한신어린이집 이경임 010-8762-1645 아이들, 교사, 부모 모두가 행복한 어린이집 오래도록 기억되며 언제나 머물고 싶은 한신어린이집입니다.

▼ 동작구지회

동작구는 서울시 25개 자치구 가운데 주민 행복지수 1위로 선정되며,
가장 살기 좋은 도시로 꼽히고 있습니다.
동작구는 보육의 최우수구를 지향하면서 구청장님, 국장님, 과장님, 영유아보육과
직원들과 소통하며 민간·가정·국공립 어린이집연합회가 하나되어 서로 돕고
나누며 구로부터 전폭적인 지원을 받고 있습니다.
동작 아이버스 운영으로 견학 시 차량 이용이 편리하고,
여름철에는 곳곳에 물놀이 장이 마련되어 어린이집에서 별도의 물놀이를 하는
수고를 덜 수 있습니다.
또한 '핫둘핫둘 체육지원' 풋살, 수영 등 체육관 수업을 받을 수 있으며,
차량 지원까지 함께 이루어집니다.
'맘편한 특화사업'을 통해 원어민 영어, 다양한 특별활동을
지원받아 아이들이 더욱 풍부한 교육을 받을 수 있습니다.
"동작의 미래, 아이들과 함께하는 보육인들의 든든한 동행"
"동작구 보육인의 손길 하나하나가 모여 아이들의 행복을 지어갑니다."

PART 4. 우리들의 모습, 지회별로 살펴보기

▼ 동작구지회

사진	소개
	YWCA또래또어린이집 김봉애 010-9114-0210 인근에 공원과 전통시장 등 지역 자원을 활용해 삶과 문화를 경험 우리원에 거의 10년 넘은 장기근속교사가 많은 것이 자랑거리 또래또어린이집
	동광어린이집 유승희 010-8825-6079 아이들이 창의적이고 행복한, 부모들이 신뢰하는 복되고, 참되고, 잘 될 어린이로 자라가는 동광어린이집 입니다.
	리틀스텝어린이집 김영미 010-6226-3828 아이들은 신나고 즐거운~ 부모님들은 맘 편한~ 교사들은 행복한~ 리틀스텝어린이집~!!
	린아어린이집 허유진 010-3775-4292 미래를 이끌어 갈 건강한 사회구성원으로 능동적인 삶의 주체자로 성장시키는 어린이집
	모든삐아제어린이집 최미경 010-8894-3484 잘 놀아야 잘 자란다'는 철학을 바탕으로, 아이들이 몸과 마음을 건강하게 성장할 수 있도록 모래놀이 공간과 텃밭을 조성하여 아이들이 자연과 더욱 친숙해질 수 있는 어린이집입니다.
	미래연어린이집 김경자 010-2369-9750 아이의 웃음이 꽃이 되고, 하루의 놀이가 내일의 꿈이 되는 곳, 미래를 열어가는 미래연 어린이집
	삼광어린이집 방승미 010-5398-5290 세상을 마음껏 알아가고 사랑하며 자라갈 수 있는 행복한 아이들의 안전기지! 삼광 어린이집입니다.

▼ 동작구지회

사진	소개
	삼성숲어린이집 전현숙 010-6820-8857 네입클로버 희망, 사랑, 행복, 꿈을 의미하는 네입클로버는 삼성숲 어린이집이 추구하는 4가지 심가치를 담고 있습니다. 아이들이 이곳에서 자신의 꿈을 발견하고, 사랑받으며 행복하게 자랄 수 있는 공간이 되길 바랍니다.
	삼성짐키드어린이집 진금선 010-4701-3382 아동중심 바탕으로 서로 존중하고 사랑하며 풍부한 상상력을 키우며 행복하고 활기찬 마음의 올바른 가치관을 돕는 삼성짐키드어린이집입니다.
	샹떼빌키즈어린이집 박종선 010-9711-6135 "모든 아이를 사랑으로 품어 건강하고 행복한 글로벌 언어인재로 성장시키겠습니다."
	성진어린이집 이임태 010-2202-6450 아이들의 웃음과 사랑이 넘치는 곳☆ 놀이 속에 교육이 가득한 신나는 성진 어린이집입니다 .. 서민련 30주년 축하합니다
	신영어린이집 전양숙 010-7661-8386 한 아이를 위한 진정한 보육은 한 사회를 변화시키는 힘이다.
	아이엠어린이집 신민자 010-9787-2422 아이엠은 0세반을 특별히 잘 돌보는 어린이집입니다.
	예슬어린이집 전주혜 010-6352-8110 까치산이 바로 앞에 있어서 공기 좋고 조용함

PART 4. 우리들의 모습, 지회별로 살펴보기

▼ 동작구지회

사진	소개
	예일어린이집 이희옥 010-5214-4811 동작구예일어린이집의 자랑은 수십년 원운영 하며 맞벌이가정을 위한 석식제공ㆍ차량운행ㆍ 연장반ㆍ야간연장반 운영하는 어린이집입니다.
	우정어린이집 주미애 010-9990-6044 작은 손에 큰 꿈을 심어주며, 존중과 신뢰 속에서 창의적 성장을 이끌어 가는 우정 어린이집
	자이어린이집 이근배 010-6246-6340 웃음 속에서 배우고 놀이 속에서 자라는 자이어린이집
	제일성민어린이집 설은진 010-7109-8379 AI시대 맞춘 스마트교육프그램 건강한 식습관을 위한 식자재 오감놀이와 요리활동 숲체험을 통한 자연과 함께 성장하는 어린이집
	청호숲어린이집 장덕순 010-3463-2453 자연을 사랑하고 자연과 더불어 살아갈 줄 아는 사람으로 성장하는데 그 기틀을 마련해주는것이 울 얼집에 교육 목표입니다.
	초록햇살어린이집 김구회 010-7708-7659 잘 먹고, 잘 놀고, 잘 크자, 라는 철학으로 초록햇살은 전체 어린이가 놀이중심으로 교육을 받고 있습니다 교사의 지원도 놀이를 바탕으로 원아를 어우르고 있습니다
	포레힐즈어린이집 김무희 010-7408-2001 놀이가 배움이고 즐거움이 성장인 곳 포레힐즈 어린이집

사단법인 서울특별시민간어린이집연합회 창립 30주년 『품다』

▼ 동작구지회

사진	소개
	푸르미어린이집 박수정 010-8716-9539 푸르미는 아이들이 행복하고 건강하게 성장하고, 관계중심 보육의 가치를 통해 아이들의 미래가 더욱 밝고 긍정적인 경험이 될수 있도록 실천해 나가는 어린이집입니다.
	프레스티지어린이집 윤혜정 010-2032-4074 해처럼 밝게 별처럼 빛나게 달처럼 꿈을 키우는 어린이로 자랄 수 있도록 사랑으로 보육하는 어린이집♡
	한강어린이집 김도영 010-4327-7855 "아이의 웃음이 최고의 철학입니다, 30년의 걸음처럼 우리 원은 늘 사랑과 신뢰로 함께 합니다.
	해사랑어린이집 김승현 010-6573-7080 유아를 사랑하는 것만으로 충분하지 않습니다. 사랑받고 있음을 느끼게 하는 것이 중요합니다.
	해솔어린이집 전은정 010-5361-6270 자연이 함께하는 공간 '해솔'에서 아이들은 행복하게 자라고, 그 곁에서 학부모와 교사도 함께 성장해가는 어린이집
	현대힐스어린이집 황인영 010-2913-0962 아동중심, 놀이중심을 바탕으로 질 높은 보육환경을 제공하는 서울형 어린이집입니다.

PART 4. 우리들의 모습, 지회별로 살펴보기

▼ 마포구지회

서울시 자치구 중 통계청에 따른 가장 높은 생활만족도 점수 기록으로 행복감 복지 보행환경 등 삶의 질 전반에서 고르게 우수한 평가를 받은 살기 좋은 도시의 마포구에 위치한 민간어린이집은 아이의 하루가 곧 배움이 되는 곳입니다.
경의선숲길 산책과 도서관 독서활동, 월드컵공원 자연 탐방으로 놀이 속 탐구심을 키울 수 있는 다양한 숲체험 서울시 유일한 어린이집 총연합회를 개설하여 지역사회 활동 (바자회 등)을 통한 오감을 만족할 수 있는 마포구 민간어린이집입니다.

▼ 마포구지회

사진	소개
	강변어린이집 이은재 010-2745-7494 사랑과 웃음이 가득한 놀 줄 아는 아이들
	깊은샘영재어린이집 정영란 010-5144-4391 생태전환 이음 교육으로 감성과 창의력을 키우는 곳 물과 빛이 만나는 깊은샘영재어린이집에서 우리 아이의 미래가 시작됩니다.
	누리꿈어린이집 박수현 010-4370-2923 뛰고 구르고 웃으며 함께 크는 누리꿈어린이집입니다.
	도담도담어린이집 김경숙 010-9246-6718 건강하고 행복한 어린이집
	동심어린이집 이민지 010-9937-9519 세계를 이끌어갈 미래 인재, 행복하게 놀 줄 아는 아이들이 자라는 동심어린이집
	마포리버파크지향어린이집 이혜영 010-3391-2719 다양한 놀이를 통한 교육적인 접근을 하며 영유아의 개인차와 발달 정도를 고려하여 보육 활동으로 영유아가 행복함을 느낄 수 있는 마포리버파크지향어린이집입니다.
	사랑숲어린이집 안다영 010-9871-7800 아이들 한 명 한 명의 무한한 가능성을 믿고, 그 씨앗이 싹을 틔우고 아름다운 꽃으로 피어날 수 있도록 좋은 흙, 따뜻한 햇살, 맑은 물을 제공하는 사랑숲어린이집입니다.

PART 4. 우리들의 모습, 지회별로 살펴보기

▼ 마포구지회

사진	소개
	삼성래미안어린이집 정지숙 010-4019-3273 아이들의 행복한 보금자리 어린이집
	성산1동꼬마숲어린이집 윤도임 010-8813-0182 신나게 노는 아이들, 아이들의 웃음에 행복한 교사, 신뢰를 갖는 부모님이 계신 성산1동 꼬마숲은 모두가 행복한 어린이집입니다.
	아람에듀어린이집 구영은 010-4707-6817 모든 어린이에게 똑같은 사랑으로 놀면서 배우고 배우면 놀이하는 아람에듀어린이집입니다♡
	아이빛어린이집 윤은실 010-5342-7111 서강동의 명문 아이빛어린이집은 유아 전문 교육을 실행합니다. 생활 속에서 매일 접하는 영어, 원장이 직접 하는 전문적인 예술 수업이 특징입니다.
	예전몬테소리어린이집 김경옥 010-5357-2724 늘 항상 건강하게
	이삭어린이집 문희순 010-5195-3411 잘 공감하고 반응하는 아이로 놀이 안에서 창의적으로 문제를 해결해 가며, 남과 소통하며, 더불어 함께 성장해가는 이삭어린이집
	이화초록별어린이집 유혜영 010-9093-6247 아이들과 부모님 교사들이 다함께 행복할 수 있는 어린이집을 만듭니다.

▼ 마포구지회

사진	소개
	키즈랜드어린이집 정은혜 010-2664-6432 영아들의 일상생활과 더불어 자연 속에서의 건강하고 안전한 생활 지속적 경험과 함께 더불어 소통하는 배움을 알아가는 출발점 공간입니다.
	푸른숲어린이집 이화진 010-7610-6005 건강한 몸과 마음으로 소중한 꿈을 키우는 어린이로 자라날 수 있도록 사랑의 양분을 공급하는 어린이집입니다.
	피노키오어린이집 오경자 010-8907-9894 아이들의 행복은 영유아가 건강하게 지내는 지름길
	하늘어린이집 주경란 010-7673-6923 건강하고 행복을 추구하는 하늘어린이집♡ 자연과 함께 즐거운 놀이 중심으로 웃음을 만들어 갑니다~^^
	해맑은어린이집 조연경 010-6276-3603 사랑입니다.

PART 4. 우리들의 모습, 지회별로 살펴보기
▼ 서대문구지회

서대문구에는 오랫동안 아이들과 함께 걸어온
따뜻한 마음의 원장님들이 계십니다.
가족처럼 서로를 돌보며 아이들의 웃음과 성장을 지켜온 소중한 보육 공동체입니다.
사랑과 열정으로 이어온 발자취,
이제 서울시연합회와 함께 더 큰 걸음을 내딛습니다.

▼ 서대문구지회

사진	소개
	꿈사랑어린이집 황영상 010-7131-1580 부모와 함께 아이의 미래를 키워가는 따뜻하고 행복한 배움터
	독립문어린이집 박영숙 010-8718-5416 즐거운 놀이가 펼쳐지는 독립문어린이집
	동우어린이나라어린이집 김승희 010-3511-1285 자연 속에서 놀이 속에서 책 속에서 아이들이 행복해하는 동우어린이나라
	두란노어린이집 이희자 010-3488-6613 영성(사랑), 인성, 지성이 건강한 영유아로 전인적인 발달을 돕는 것을 목표로 사랑을 배우고 나누며 다른 사람과 어울려 살아갈 수 있는 어울림에 중심이 되는 사람으로 성장하도록 보육과 교육을 제공하는 어린이집
	뜨란어린이집 정경진 010-3811-4356 우리 아이들이 가진 내적 힘을 신뢰하며, 스스로의 삶을 주도하고 만족 속에서 행복을 꽃피우길 바랍니다.
	마미어린이집 염의선 010-8638-4527 자기를 사랑하며 이웃을 사랑하고 사회에 이바지할 수 있는 건강한 어린이로 자라도록 놀이중심 교육환경을 제공하는 마미어린이집
	명지대학교어린이집 허현정 010-3765-7531 놀이 속에서 배우고, 경험이 풍부해지는 행복한 배움터에서 창의력과 인성을 함께 키우는 어린이집입니다.

PART 4. 우리들의 모습, 지회별로 살펴보기

▼ 서대문구지회

사진	소개
	삼성이화어린이집 정효진 010-6294-2744 아이들이 발달에 적합한 환경 속에서 놀 권리를 존중받으며, 보육과 교육이 조화롭게 이루어지는 곳. 아이에게는 배움과 놀이를, 부모에게는 신뢰를, 교사에게는 보람을 주며, 아이·부모·교사가 함께 균형과 행복을 이루는 어린이집을 지향합니다.
	샛별어린이집 권현옥 010-3345-6441 생태친화 보육을 실천하면서 영유아를 존중하며 좋은 성품교육을 통해 더 좋은 생각, 말. 행동을 선택해서 더불어 함께 행복하게 살아가는 전인적인 발달이 이루어지도록 도와줍니다.
	성균관어린이집 김병기 010-5153-8087 아이와 부모가 행복한 어린이집
	숲속몬테소리어린이집 이경아 010-4172-7552 원아, 학부모, 교사가 하나가 되어 행복 안에서 성장하고 발전하는 숲속몬테소리어린이집
	아름다운집어린이집 강선이 010-3284-3248 자연을 사랑하는 어린이 (하나님을 사랑하고 사람을 사랑하며 자연을 사랑하여 몸과 마음이 건강한 어린이로 성장하도록 합니다)
	아이뜰어린이집 박소영 010-8650-2074 건강한 어린이, 밝고♡신나는 어린이, 창의적이고♡지혜로운 어린이
	아현어린이집 박지영 010-5118-7931 따뜻한 품에서 자라 세상을 향해 피어나는 아현어린이집

▼ 서대문구지회

사진	소개
	엄마맘어린이집 김선희 010-5305-0629 엄마맘 아이들에게 기본적인 생활 습관과 인성교육에 힘쓰며 자신을 사랑하고 다른 사람을 배려할 줄 아는 인간으로 성장하도록 하는 것.
	예꼴예능어린이집 조효숙 010-8724-7056 서로돕고 사랑하며 지혜로운 어린이가 되자 그림책을 통해 창의력과 끼와 재능을 발견하고 협동심을 배우며 성장하는 어린이를 추구합니다
	예꿈어린이집 정순정 010-6317-5346 독립문공원에 위치한 숲생태 어린이집 잘 놀아야 잘 큰다
	예일어린이집 엄영희 010-3772-6859 작은 경험이 큰 성장을 만들고, 자연과 이야기가 어우러진 배움터에서 아이들은 따뜻한 정서와 창의적 교육을 통해 미래를 키워가는 어린이집입니다.
	윤슬어린이집 유선애 010-4331-0414 아이들이 꿈꾸며 행복한 곳 윤슬어린이집
	은담어린이집 위순영 010-3993-7471 놀 줄아는 아이로 자라나는 은담어린이집
	은현어린이집 민병선 010-8954-1165 믿음과 사랑, 좋은 성품으로 다음 세대를 아름답게 세워가는 은현어린이집

PART 4. 우리들의 모습, 지회별로 살펴보기

▼ 서대문구지회

사진	소개
	이대복지어린이집 이수미 010-2386-2769 자연이 있어 행복한 어린이 (자연과 더불어 몸과 마음이 건강한 어린이로 성장하도록 합니다)
	태양어린이집 박태순 010-9094-0167 최선. 성실 나의 손길이 닿는 곳에 항상 사랑이 넘쳐나기를 기도합니다
	파랑새어린이집 유미영 010-9383-3966 따스한 햇살처럼 아이들의 밝은 미래를 열어가는 파랑새어린이집
	하람어린이집 김성주 010-7228-1820 믿음과 사랑의 정신으로 슬기로움과 꿈을 갖는 용기있는 어린이로 또한 놀이를 통해 함께 성장하는 어린이집입니다

▼ 서초구지회

서초구민간어린이집연합회는
변화하는 보육환경 속에서 교사의 전문성 향상과 회원 간의 협력을 도모하며
함께 미래 보육의 길을 만들어 가고 있습니다.
매년 튼튼 꿈나무축제와 나눔 저금통 행사 등을 통해
아이들의 건강한 성장과 지역사회에 기여하는 보육 공동체로서의 역할을 수행하며
함께 키우고, 함께 웃는 지회입니다.

PART 4. 우리들의 모습, 지회별로 살펴보기

▼ 서초구지회

사진	소개
	BSP어린이집 변은정 010-3959-9062 아이들이 중심이 되는 곳, 배움이 즐거움이 되는 곳, 아이들의 꿈에 날개를 달아 줄 수 있는 곳. BSP어린이집입니다.
	기쁜어린이집 신미자 010-5272-7888 아이·학부모·교사가 함께 기쁘고, 누구나 안심할 수 있는 행복하고 따뜻한 전문 보육기관 기쁜어린이집입니다.
	로고스몬테소리어린이집 한경희 010-3014-9688 존중과 놀이로, 어린이, 교사, 학부모들이 행복하고 만족한 우리아이들의 행복한 보금자리!! 로고스몬테소리어린이집입니다.
	리체꿈나라어린이집 서순영 010-9055-3069 리체꿈나라어린이집은 놀이와 체험을 통해 아이가 가진 잠재력을 자연스럽게 발휘할 수 있도록 지원합니다.
	바름이어린이집 김해미 010-5322-4012 청년과 여성변호사들의 일과 육아 양립지원을 위해 설립된 바름이어린이집에서는 변호사 가정의 든든한 버팀목이 되어 오고 있습니다.
	반포어린이집 김경선 010-5091-3802 아이의 잠재력을 존중하고 따뜻한 돌봄과 창의적인 놀이 속에서 사랑과 존중을 배우며 자라는 행복한 배움터, 반포어린이집입니다.
	반포퍼스티지솔마을어린이집 홍주영 010-2525-9157 반포퍼스티지솔마을어린이집은 영아들의 꾸밈없는 상상과 탐색, 일상 속의 특별함에 귀 기울이며 함께 살아갑니다.

▼ 서초구지회

사진	소개
	반포퍼스티지하늘어린이집 민행난 010-4762-4208 반포퍼스티지하늘어린이집에서는 즐겁게 놀고 신나게 배우며 서로를 생각하는 어린이로 성장합니다. 스스로 배움을 이끌어가는 발현적 교육과정을 실천하며 미래의 유능한 인재를 키우고 있습니다.
	산성몬테소리어린이집 하재현 010-4283-8111 산성몬테소리 어린이집은 교회 부설로 아이들이 하나님의 말씀 안에서 행복하게 성장하며, 부모와 교사 모두가 함께 행복을 나누는 곳입니다.
	샤이닝키즈어린이집 이영은 010-5527-2577 샤이닝키즈어린이집은 놀이가 곧 배움이 되는 곳, 아이들의 반짝이는 예쁜 눈처럼 반짝이는 꿈을 키우며, 행복한 성장을 함께합니다.
	서초래미안어린이집 한경아 010-8931-4533 아이가 안전하고 행복한 놀이중심과정으로 전인적인 발달을 돕는 서초래미안어린이집입니다.
	서초이화어린이집 이지은 010-5332-8062 신나는 놀이와 즐거운 배움 속에서 활기차게 자라는 아이들, 사랑과 정성을 듬뿍 주시는 선생님, 믿고 응원해주시는 부모님 덕분에 행복한 웃음이 가득한 어린이집입니다.
	수표교어린이집 김정화 010-4562-8520 수표교어린이집은 100년 전통 수표교교회 부설로 역사의 가치와 바른 인성, 따뜻한 사회성을 키워 행복한 미래를 만들어갑니다.
	신애어린이집 김은선 010-7105-5800 신애어린이집은 교회부설 어린이집으로 하나님의 믿음과 사랑 안에서 꿈을 이루며 부모님, 교사, 아이들이 행복한 어린이집입니다.

PART 4. 우리들의 모습, 지회별로 살펴보기

▼ 서초구지회

사진	소개
	아람마주이야기어린이집 박문희 010-8234-5153 아람마주어린이집은 아이들한테, 말을 시키지 않아도 묻지 않아도 하고 싶어 견딜 수 없어 터져나오는 말을, 들어주고 알아주고 감동하는 마주이야기교육을 합니다.
	언남해피어린이집 김미숙 010-7379-5172 언남해피어린이집은 아이들이 한명 한명 몸과 마음이 건강하고 지혜와 지식이 자라며 서로를 배려하고 나눌 줄 아는 아름다운 아이로 준비되는 어린이집입니다.
	잠원어린이집 장순옥 010-3298-1993 잠원어린이집은 어린이 중심 창의적 보육과 숲체험으로 아이들을 밝고 감사한 아이로 성장시킵니다. 아이들이 자율적이고 창의적이며 튼튼하게 자랄 수 있도록 믿음과 사랑으로 보육합니다.
	키즈랜드어린이집 유은실 010-6226-1895 잘 놀고, 재미있게 배우며, 건강하게 자라는 키즈랜드어린이 최고!
	파란나라어린이집 정숙희 010-7635-9269 파란나라어린이집은 "튼튼·지혜·탐구·사랑이 많은 어린이"를 원훈으로, 아동이 심신 건강하고 조화롭게 성장하도록 돕습니다. 놀이를 통한 탐색과 창의성 발달을 지원하며, 부모·교사·또래·지역사회와의 상호작용을 중시합니다.
	함께크는어린이집 장혜선 010-5002-9219

▼ 성동구지회

꽃처럼 아름다운 우리 인생~ 원장님의 삶~

PART 4. 우리들의 모습, 지회별로 살펴보기

▼ 성동구지회

사진	소개
	곤지잼잼어린이집 강금숙 010-6440-9199 아이들과 부모, 교사들이 자주적이고 자유로운 행복한 삶의 여정에 깊은 관심으로 함께하는 어린이집으로써 멀리 이사를 가도 어린이집은 곤지잼잼으로 보내는 좋은 소문으로 가득한 곳!!
	꼬마에디슨어린이집 김진숙 010-4207-7924 영, 유아의 발달수준을 놀이 중심으로 자율성 및 창의성 발달의 바른 성장을 돕는 어린이집
	꿈터어린이집 김상규 010-3868-9545 "바른아이 생각키우기" 교육목표로 놀이중심적 교육으로 올바른 인성을 배우고 다양한 재능을 키워가는 어린이집
	딩동댕어린이집 오금자 010-3467-8195 맑은 미소로 행복하게 큰 꿈을 키워가는 어린이집
	서울숲미래연어린이집 박영선 010-9126-4280 미래를 열어갈 우리 아이들!! 밝고 건강하게 성장할 수 있도록 성심을 다하겠습니다
	성호어린이집 신혜원 010-7252-5758 "마음은 따뜻하게, 놀이는 신나게, 생각은 자유롭게 "성품교육을 통해 더 좋은 가치를 경험하고, 놀이중심교육을 통해 날마다 즐거운 경험을 하며, 그 안에서 창의성과 사회성, 문제해결능력 등을 자연스럽게 배우면서 성장합니다.
	예지어린이집 권순단 010-2709-2091 건강한 어린이 예의바른 어린이 생각하는 어린이

▼ 성동구지회

사진	소개
	튼튼삐아제어린이집 송영선 010-8864-7999 웃음과 배움이 자라는 행복한 공간, 튼튼삐아제
	피노키오어린이집 연수진 010-9075-9649 모든 아이는 고유한 빛을 가지고 태어난다고 합니다. 그 빛이 꺼지지 않도록 존중과 사랑으로 아이를 바라보며 성장의 길을 함께하는 피노키오어린이집입니다.
	하니삐아제어린이집 송영주 010-3726-9502 영유아의 무한한 잠재력과 인권을 존중하고 개인차에 따른 능동적 활동을 격려함으로써 영유아의 자질이 긍정적으로 발현 될 수 있는 환경을 제공한다.
	힐스테이트어린이집 이현경 010-7120-0500 아이의 행복과 성장을 최우선으로, 사랑과 존중 속에 자라는 환경을 만든다.

PART 4. 우리들의 모습, 지회별로 살펴보기

▼ 성북구지회

"성북 보육 30년, 아이를 향한 마음과 우리의 동행이 만든 여정"

▼ 성북구지회

사진	소개
	구름나무어린이집 성대일 010-4041-5133 자신의 일을 스스로 해결하도록 노력하며 자신을 존중하고 다른 사람과 소통하고 배려하는 바른 인성을 가진 어린이로 성장한다.
	금호힐어린이집 이인숙 010-7291-0363 시대에 발 맞추는 질적인 보육과, 창의력과 공감을 배우는 어린이집입니다.
	꿈땅어린이집 박지영 010-6219-9489 자연 속에서 꿈을 키우며 성장하는 배움의 놀이터 꿈땅어린이집
	꿈에그린어린이집 신지영 010-5462-0936 처음 만나는 세상, 정릉 꿈에그린어린이집에서 함께 해요.
	꿈의숲코오롱하늘채어린이집 허자득 010-9233-8750 영유아가 편안하고 즐겁게 생활하는 환경속에서 전문적이고 체계적인 교육을 통해 긍정적인 사고와 전인적인 성장을 할 수 있도록 한다.
	꿈터어린이집 김경녀 010-4631-8565 아이들이 건강하게 뛰어놀고 지혜롭게 성장하는 행복자람터, 꿈을 심고 꿈을 키우는 꿈터 어린이집
	동부어린이집 김수민 010-7753-9922 아이들의 작은 손으로 심는 생명, 동부어린이집 텃밭에서 사랑과 생명을 배우며 꿈을 키웁니다.

PART 4. 우리들의 모습, 지회별로 살펴보기

▼ 성북구지회

사진	소개
	두산위브어린이집 김향숙 010-8727-8263 신명나는 놀이마당 두산위브 "아이다움"을 자연과 생태 놀이를 즐기면서 개성과 창의력을 지니고 사람과 더불어 행복한 삶을 누리는 곳 흥겨운 신과 멋이 나는 아이. 부모. 교사 모두 행복한 어린이집
	래미안어린이집 조정수 010-9255-1918 아이들이 놀고 싶은 곳, 부모님이 맡기고 싶은 곳, 선생님이 일하고 싶은 곳~~
	미예뜰어린이집 장호형 010-4420-5457 사랑과 웃음이 가득하고 아이들의 눈높이에서 개성과 감정을 소중히 여기며 보육과 교육을 실천하는 미예뜰어린이집입니다.
	별초롱어린이집 송해선 010-9250-3526 행복한 어린이, 연구하는 교사, 신뢰하는 부모와 함께하는 빛나는 동행! 별초롱 어린이집.
	삼성래미안어린이집 이경자 010-9024-6266 생애 최초 결정적 시기 영유아교육 시작은 삼성래미안어린이집!!! "놀이하면 자라는 우리들"
	성복어린이집 박헌주 010-9288-5207 존중받고 존중하며, 사랑받고 사랑하며, 더불어 살아가는 사람
	성신어린이집 신명숙 010-5226-8525 365열린 어린이집, 성신어린이집은 대를 이어 또 이용하며, 어떠한 보육도 가능케 하는 즐거운 어린이집입니다.

▼ 성북구지회

사진	소개
	숲속반디어린이집 김정예 010-3208-0773 몸과 마음이 쑥쑥자라요!! 영아전담 및 시간제전문으로 우리 모두 행복한 어린이집
	신나는어린이집 이미라 010-8200-2097 "아이는 신나게, 엄마는 편하게! 신나는 보육 실현합니다."
	신중앙어린이집 이현신 010-2381-1216 어린이는 독립된 인격을 가지고 있기에 끊임없는 잠재력을 가지고 끊임없이 변화할 수 있습니다.
	아뜰리에어린이집 김미경 010-4851-3698 "영유아가 발달단계에 맞추어 각자의 속도와 특성을 존중받으며 건강하고 조화롭게 성장할 수 있도록 전문적이고 따뜻한 보육을 실천합니다."
	영광어린이집 강영금 010-9766-7623 우리의 아이들을 위해 기도하고 축복하며 "사랑으로 가르쳐 바르고 아름답게" 교육하는 어린이집입니다.
	영암어린이집 김여진 010-3198-8457 아이의 안전과 행복한 성장을 위한 환경을 만들고 아이, 교사, 부모가 서로 정서적으로 안정된 관계를 기본으로 소통합니다.
	예쁜어린이집 김성자 010-7229-5172 몸과 마음이 건강하고, 창의적이고, 예의 바른 어린이로 자라도록 모든 교직원은 아이들과 눈높이를 맞추고 있습니다.

PART 4. 우리들의 모습, 지회별로 살펴보기

▼ 성북구지회

사진	소개
	우주래미안어린이집 김명희 010-4746-4254 놀이를 통해 스스로 탐색하고 성장하는, 즐거운 배움터 우주래미안어린이집
	은영어린이집 채우영 010-4954-9436 아이와 학부모님, 그리고 선생님들의 웃음이 끊이지 않는 신나는 은영어린이집
	일곱색깔어린이집 강수미 010-8833-6169 아이들이 행복한 어린이집 / 아이들이 안전한 어린이집 / 아이들이 건강한 어린이집
	장위어린이집 서은영 010-4566-3606 숲을 중점으로 3세부터 7세까지 체계화된 다양한 교육프로그램으로 학부모님들의 만족도를 높고 야간연장(21:30)까지 운영하여 맞벌이 부모가 안심하고 장기적으로 맡길 수 있음
	정다운어린이집 송연희 010-4159-2537 아이들의 웃음이 가득하고, 행복이 자라는 정다운 어린이집
	중앙어린이집 서지연 010-3541-3678 중앙어린이집은 자연과 함께 자라고, 사랑으로 성장하며, 전문성과 신뢰 속에서 한 명 한 명의 아이가 차별 없이 평등하게 밝은 미래를 만들어 가는 공간으로 모두가 행복한 어린이집 되도록 최선을 다하겠습니다.
	짐랜드어린이집 김향은 010-4932-2007 즐거운 놀이가 배움이 되는 공간에서 아이의 무한한 잠재력을 깨워주세요.

▼ 성북구지회

사진	소개
	청아어린이집 김영미 010-4583-8332 몸과 마음이 건강하고 행복한 어린이
	킨더트리어린이집 김선미 010-6316-7073 킨더트리 어린이집은 안전한 환경, 전문적인 교사, 다양한 교육 프로그램, 사회성 발달, 부모와의 소통, 건강한 식사, 놀이 중심의 학습을 하는 곳으로 전인적 발달을 지원하는 킨더트리어린이집입니다.
	푸른솔어린이집 윤정임 010-5243-6252 사람과 자연이 한 생명이라는 이념으로 생명과 평화, 환경을 생각하는 아이들을 위한 어린이집
	피카소어린이집 이서영 010-2668-2028 어린이집과 가정이 협력하여 사랑과 존중을 받으며 건강하게 성장하는 영유아
	하은어린이집 정순혜 010-2061-1282 원아에서 학부모로 전통을 이어 꿋꿋하게 성장하는 석관동의 보배 하은어린이집
	행복한해오름어린이집 이민영 010-4788-8335 아이의 작은 반짝임이 큰 빛이 되는 곳, 아이의 꿈, 가정의 사랑, 교사의 마음이 함께 자라는 해오름어린이집

PART 4. 우리들의 모습, 지회별로 살펴보기

▼ 송파구지회

살기 좋은 도시 송파구
아이 키우기 좋은 도시
아이들의 꿈과 희망이 자라는 어린이집
보육의 역사를 함께 한 모든 보육인들에게 응원을 보냅니다.

▼ 송파구지회

사진	소개
	고려서머힐어린이집 정회영 010-6478-2294 자율 속에서 아이들 스스로 놀이할 수 있도록 지도합니다. 항상 열정으로 새로운 희망을 위해 노력해 주시는 보육인들께 감사합니다.
	뉴한가람어린이집 최경숙 010-2330-0138 세상에서 가장 행복한 아이는 잘 노는 아이입니다. 뉴한가람 아이들은 꿈이 크대요!
	다온어린이집 최미정 010-3848-9203 아이들은 즐거워 항상 오고 싶고, 부모들은 마음 놓고 아이를 맡길 수 있는, 따뜻한 마음이 가득한 어린이집.
	동화키즈어린이집 주연숙 010-9657-5836 우리 아이들과 선생님이 행복하고 신뢰받은 어린이집을 만들겠습니다.
	디딤돌어린이집 이진선 010-8843-1626 아이들의 무한한 잠재력을 자유롭게 발현하도록 기다려주고 도와주는 교육환경을 만들어 갑니다.
	래미안파인탑어린이집 이영필 010-8925-3402 아이들의 웃음과 안전이 최우선인 어린이집을 만듭니다.
	리틀짐어린이집 김미정 010-6266-6217 아이들의 첫 사회, 부모로서의 첫 성장을 도우며 건강한 가정과 건강한 사회를 이루어 대한민국의 일꾼을 만드는 어린이집

PART 4. 우리들의 모습, 지회별로 살펴보기

▼ 송파구지회

사진	소개
	무궁화누리어린이집 이영미 010-9190-6599 교육은 끊임없이 가르치는 것이 아니라 아이가 좋아하고 즐겨 하는 다양한 활동을 통하여 목적을 이루는 것이 진정한 의미의 교육입니다.
	보혜어린이집 송혜중 010-3169-9679 서로 사랑하고 존중받으며 지혜로운 안내자가 되어주는 어린이로 성장하도록 교육하고 도와주는 어린이집
	뽀로롱어린이집 조숙희 010-7578-0204 아이들에게 행복을, 학부모님에게 감동을 드림으로 가정과 지역사회를 위해 이바지하는 좋은 보육기관입니다.
	삼성래미안어린이집 안소영 010-7621-0288 '함께 키우는 아이들'이라는 교육철학 아래 긍정적이고 자주적인 아이들로 성장을 꾀하는 삼성래미안 어린이집
	새빛어린이집 신옥란 010-4596-9379 새로운 한국 건설에 빛이 될 어린이를 만드는 새빛어린이집입니다.
	송파푸르지오어린이집 현재연 010-2379-9922 우리 아이들이 안전하고 활기차고 즐겁게 성장하는 '송파푸르지오'입니다.
	쌍용어린이집 장선미 010-2740-7141 꿈과 사랑이 가득한 아이들의 어린이집

▼ 송파구지회

사진	소개
	아이숲어린이집 황정옥 010-8589-8432 아이들의 개성과 잠재력을 존중하며 따뜻한 돌봄과 창의적인 교육으로 건강한 성장을 함께합니다.
	양무리어린이집 이옥자 010-5757-4187 30년 동안 보육의 현장에서 아낌없이 수고한 원장님들에게 박수를 보냅니다.
	엄마품어린이집 허영옥 010-2256-8660 우리 아이들이 밝게 자랐으면 좋겠습니다. 맑은 마음을 지니고 자랐으면 좋겠습니다. 행복하게 뛰어놀았으면 좋겠습니다.
	오금사임당어린이집 김말희 010-8633-1261 좋은나무 좋은열매
	오주어린이집 황연선 010-8981-3932 따뜻한 하루하루, 웃음꽃 피우는 오주어린이집
	요엘행복한어린이집 이은선 010-7350-9821 모든 아이들에게 차별없이 다양한 교육의 기회를 제공하여 글로벌 시대에 필요한 인재를 만드는 어린이집
	요요몬테소리어린이집 이경애 010-5323-1129 보육인이여 영원하라. 힘내서 파이팅합시다.

PART 4. 우리들의 모습, 지회별로 살펴보기

▼ 송파구지회

사진	소개
	잠실예닮어린이집 홍자영 010-4161-8953 교사들의 손길이 닿는 곳마다, 교사들의 발걸음이 머무는 곳마다 사랑과 행복이 피어나는 잠실예닮어린이집입니다.
	잠전신사임당어린이집 예주희 010-2823-6277 건강한 몸과 마음을 위한 즐거운 배움터이자, 사랑받으며 자라는 아이들의 행복한 공간 잠전신사임당 어린이집!
	천사어린이집 조영연 010-8915-3620 투철한 사명감과 책임감으로 부모들이 믿고 맡길 수 있는 어린이집을 만들어 아이와 부모가 함께 행복한 지역사회 보육기관
	초롱별어린이집 김지혜 010-8562-4244 믿고 맡길 수 있는, 행복하고 건강한 아이들의 첫 배움터, 초롱별어린이집입니다.
	키즈스쿨어린이집 나문숙 010-3025-6903 사랑 안에서 행복한 꿈을 만들어 가는 키즈스쿨어린이집
	파란나라어린이집 정선화 010-5392-2722 아이들만 바라보며 걸어온 길, 헤치고 나아가 걸어갈 길. 우리들 모두 화이팅!
	파크빅스맘어린이집 송은애 010-2532-6028 자존감 높은 아이, 신뢰하는 학부모, 행복하고 즐거운 교사를 만드는 놀이와 웃음이 가득한 어린이집

▼ 송파구지회

사진	소개
	햇님어린이집 이 영 010-8963-1760 행복이 자라는 햇님어린이집 매일 웃음꽃이 피어요!
	햇살어린이집 류영란 010-2385-8573 "영아의 건강과 밝은 미래를 가꾸는 사랑의 보육터" 햇살어린이집입니다.
	행복숲어린이집 이숙자 010-3105-3346 아이들이 자연과 함께 놀고 배우며 자라나는 자연활동 중심 보육기관 행복숲어린이집
	혜원어린이집 김미애 010-3131-9759 아이의 첫걸음을 사랑으로 지키고 부모의 마음을 나누는 보육공동체

PART 4. 우리들의 모습, 지회별로 살펴보기
▼ 양천구지회

양천구민간어린이집연합회는
아이들이 밝고 건강하게 성장할 수 있도록 지역 내 민간 어린이집이 마음을 모아
함께하는 공동체입니다.

학부모와 손잡고 신뢰받는 보육을 실천하며,
교사들이 서로 배우고 나누는 따뜻한 연대의 장이 되고 있습니다.

아이 한 명 한 명의 웃음을 지켜내기 위해,
그리고 모두가 행복한 양천의 미래를 위해 늘 곁에서 함께하겠습니다.

사단법인 서울특별시민간어린이집연합회 창립 30주년 『품다』

▼ 양천구지회

사진	소개
	등촌어린이집 김미경 010-6231-4670 하나님을 사랑하고 아이를 사랑하는 등촌교회 부설 등촌어린이집은 아이들과 교사, 학부모가 행복한 날마다 웃음꽃이 피어나는 하나님의 축복이 가득한 어린이집입니다.!
	명지어린이집 이상아 010-7124-1176 아이들 웃음꽃 피는 행복 놀이터! 매일매일 신나는 모험 가득, 사랑으로 키워요.
	서울베다니어린이집 김영란 010-2218-2375 아이는 안전하게! 선생님은 행복하게! 아동중심의 교육을 이루어가는 장애전문어린이집
	신월이화어린이집 이순영 010-6244-1409 자연친화 공간에서 놀이와 배움이 함께하는 행복한 하루! 신월이화어린이집
	아음어린이집 박용애 010-3767-1816 따뜻한 마음으로 사랑을 나누고, 스스로 생각하며 지혜를 키우고, 자신만의 꿈을 키워가는 어린이가 자라나는 원입니다.
	양천삼성어린이집 이혜경 010-5003-5985 아이들의 건강한 성장과 꿈을 위한 약속, 양천삼성어린이집입니다.
	엄마사랑어린이집 전성희 010-9281-4775 자연과 함께 맑고! 밝고! 건강하게! 놀면서 배우자

PART 4. 우리들의 모습, 지회별로 살펴보기

▼ 양천구지회

사진	소개
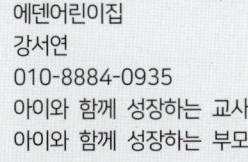	에덴어린이집 강서연 010-8884-0935 아이와 함께 성장하는 교사 아이와 함께 성장하는 부모
	예다인어린이집 양혜분 010-8889-5934 사랑으로 안아주고 마음으로 함께하는 행복이 피어나는 예다인 어린이집
	예뜰어린이집 송선주 010-4785-2560 아이 부모 교사가 행복한 예수님이 함께 하는 뜰 예뜰어린이집
	우리또래어린이집 김실옥 010-4750-1174 어린이 미래를 생각하는 우리또래어린이집
	이회어린이집 유옥련 010-4924-8549 아이를 중심으로 모두가 행복한 공간 이화어린이집
	일루어린이집 박명희 010-7711-0092 행복을 배우고 사랑을 나누는 일루 매일이 재미있고 모든 순간이 보물인 우리 아이의 빛나는 내일이 오늘부터 시작되는 곳
	정원어린이집 최진영 010-8705-1874 자연 속에서 스스로 배움을 익힐 수 있도록 지원하는 정원어린이집

▼ 양천구지회

사진	소개
	청운어린이집 이옥희 010-4255-6330 자연 친화적 환경과 우수한 교육으로 아이들의 꿈과 미래를 키우는 청운어린이집
	푸르미어린이집 최현미 010-8888-6529 존중받는 아이, 소통하는 부모 행복한 교사와 지역사회가 함께하는 푸르미어린이집
	혜원유아학교어린이집 박지연 010-7605-9447 교사와 아이가 함께 성장하고 배움이 이루어지는 혜원유아학교어린이집
	홍익어린이집 이기만 010-8769-6396 아이가 행복하고 부모가 행복하고 교사가 행복한 홍익어린이집

PART 4. 우리들의 모습, 지회별로 살펴보기

▼ 영등포구지회

희망 행복 미래도시 영등포구의 보육의 질 향상을 위해
보육과 교육을 지원하고, 영유아와 학부모를 위한 보육환경의 조성을 위해
최선을 다하는 연합회입니다.

▼ 영등포구지회

사진	소개
	강성어린이스쿨어린이집 박주원 02-833-5123 대한민국의 모든 영유아가 행복하고 건강한 사람으로 성장하여 남을 배려할 줄 아는 사회 일원이 되길 기원합니다.
	남서울교회부설 꿈이있는어린이집 정은주 02-833-7213 "아이의 오늘을 품고, 내일을 빚어가는 따뜻한 행복의 집! 사랑과 웃음이 끊이지 않는 따뜻한 성장터입니다"
	당성어린이집 김미애 02-2069-2345 '음악과 자연이 함께 숨쉬는' 바르고 사랑스런 영아들의 놀이터!!!
	리틀푸른어린이집 류기운 02-856-0552 '튼튼한 몸 예쁜마음'을 motto로!
	새예닮어린이집 김경자 02-847-3751 아이들과 함께 행복을 나누며 자타가 인정하는 천직으로 세계의 리더로 키우고 싶은 새예닮어린이집입니다.
	순수빅스맘어린이집 김지현 02-2068-7975 영유아가 시행착오에 대한 두려움 없이 배움을 익힐 수 있도록 기다림을 실천하는 어린이집, '학(學)보다 습(習)!'
	신길어린이집 이향숙 02-842-0961 사랑받고 사랑할 줄 아는 어린이

PART 4. 우리들의 모습, 지회별로 살펴보기

▼ 영등포구지회

사진	소개
	신대림어린이집 유현아 02-833-9600 우와!~ 신대림 좋~~다 우와!~ 신대림 정말 좋~~~다 아이들·선생님·학부모·이웃과 함께 나아가는 신대림입니다.
	아이네오어린이집 김은정 070-4327-0802 아이도 선생님도 부모님도 아이네오가족 모두가 오늘도 행복해요~
	아이키움문래어린이집 이승희 02-6397-7955 우리 아이들의 작은 어깨 위에 미래가 있습니다. 보다 멀리!보다 높게! 볼 수 있는 아이들로 성장합니다.
	예승아트스쿨어린이집 김종호 02-846-4422 원아와 교직원이 행복하고 즐거운 어린이집
	위즈키즈어린이집 임수영 02-841-8387 아이, 부모, 교사 모두가 행복한 위즈키즈어린이집
	참고은어린이집 양용순 02-849-3747 아이의 웃음, 엄마의 안심이 함께하는 행복한 곳! 참고은 어린이집!
	코끼리어린이집 부혜정 02-831-2280 아이 한 명 한 명을 주인공으로, 건강과 안전을 최우선으로 삼는 신길동 코끼리어린이집입니다.

▼ 영등포구지회

사진	소개
	키즈빈생태어린이집 정향 02-2635-1999 놀이로 배우고 자연에서 자라는 키즈빈생태어린이집
	효성어린이집 최정옥 02-2069-1770 맑게 밝게 바르게

PART 4. 우리들의 모습, 지회별로 살펴보기

▼ 용산구지회

사랑과 정이 흐르는 따뜻한 용산!
함께 성장할 수 있어 감사하고, 가족과 같은 분위기에
더없이 끈끈한 우리는
용산민간어린이집연합회 동지들입니다~^^!

▼ 용산구지회

사진	소개
	꿈밭어린이집 김명자 010-4248-1665 정성으로 꿈을 키우는 사랑의 터 꿈밭어린이집입니다.
	더프라임어린이집 문귀숙 010-7274-1881 아침마다 뛰어와 꼭 안아주는 귀요미들이 있어 행복한 더프라임어린이집입니다.
	반석어린이집 임숙자 010-4406-5985 발도르프 교육을 지향하는 반석어린이집은 자연속에서 날마다 즐겁게 지냅니다. 사랑과 존중의 교육을 실천하며 교사들도 아이들과 같이 성장해 갑니다.
	상록어린이집 김인숙 02-715-1009 조용하지만 분명하게 아이들의 오늘을 지키고 교사의 내일을 그리며, 부모님들 사이에서 균형을 세우는 상록어린이집입니다.
	새날어린이집 김명숙 010-3679-6637 건강·자율·행복으로 새로운 나날을 엮어가는 새날어린이집입니다.
	새랑꿈이랑어린이집 강은숙 010-7484-106 새랑꿈이랑 어린이들이 자기 스스로 해내며 스스로의 힘으로 성장하고 발달할 수 있도록 돕는 새랑꿈이랑어린이집입니다.
	신태양어린이집 신현란 010-8877-5413 즐겁고 행복한 아이로~ 자주적인 민주시민으로~ 성장할 수 있도록 충실히 돕는 어린이집입니다

PART 4. 우리들의 모습, 지회별로 살펴보기

▼ 용산구지회

사진	소개
	영주어린이집 최난영 02-318-2242 각각 다른 빛깔로 자신을 드러내는 아이들을 존중하고 아이들의 아름다운 변화와 성장을 함께 기대하며 매일 감사하며 보육하는 영주어린이집입니다.
	이태원삼성어린이집 강근영 010-2887-5335 놀이로 즐겁게 배우며 자라는 행복한 공간 이태원삼성어린이집입니다.
	행복한어린이집 강계숙 010-5915-9355 친구되어 이해하고 사랑하는.. 행복한 아이들로 자라날 수 있도록 지향하는 행복한어린이집입니다.
	효창어린이집 정희영 010-8743-4200 재밌지! 신나지! 즐겁지! 그래서 (어린이집에 오면)행복하다. 효창 30회 졸업식, 연합회 30주년 잊지 못할 뜻 깊은 한 해 입니다.

▼ 은평구지회

아이키우기 좋은 은평,
그 중심에는 은평구민간어린이집연합회가 있습니다.

PART 4. 우리들의 모습, 지회별로 살펴보기

▼ 은평구지회

사진	소개
	꿈동이어린이집 최미란 010-3723-4399 꿈을 가진 꿈동이, 밝고 따뜻한 꿈동이, 씩씩하고 건강한 꿈동이
	다솜어린이집 박미경 02-354-3562 건강하고 행복한 웃음이 가득한 어린이집
	도담어린이집 박순복 02-357-0130 스스로 생각하고 행동하는 어린이로 성장하도록 돕는 기관입니다.
	리라어린이집 노미숙 010-4711-3019 아이, 부모, 교사 모두의 자존감을 키우며 행복한 성장을 돕는 어린이집입니다.
	벼리어린이집 김영란 02-353-1060 사랑가득, 행복가득, 재미가득한 아이들의 행복놀이터
	별산솔어린이집 이현주 02-389-2977 몸도 튼튼 마음도 튼튼 사랑과 행복이 가득한 별산솔어린이집
	상상나라팅커벨어린이집 고윤경 02-388-4970 아이들의 속도를 존중하며, 천천히, 따뜻하게 함께 크는 하루하루를 선물합니다.

▼ 은평구지회

사진	소개
	새누리어린이집 이시은 02-307-6955 아이들의 웃음이 가득한곳 새누리어린이집 사랑이 넘치는 행복한 어린이집입니다!
	샘물퐁퐁어린이집 김미선 02-358-8005 엄마 품에 안긴 아이처럼 행복하게, 아이를 품에 안은 엄마처럼 사랑으로
	세종어린이집 이영숙 02-352-6775 아이, 부모, 교사가 행복한 어린이집입니다.
	수린목어린이집 박미정 02-353-2280 숲에서 마음껏 뛰어놀고 오감을 통해 자연과 교감하며 몸과 마음이 건강하게 자라나는 아이들의 놀이터 수린목어린이집
	숲속어린이집 이미영 02-382-8900 세상에서 가장 소중한 우리 아이 세상과 의사소통을 하면서 건강한 관계를 맺고 언제나 자존감과 자신감을 가지고 당당하게 성장할 수 있도록 돕겠습니다.
	숲속키즈나라어린이집 노영주 010-4363-1240 희망을 품고 사랑을 나누고 함께 성장해요~~
	아람어린이집 김선희 02-358-4586 웃음이 가득한 또 하나의 행복한 세상 아람어린이집

PART 4. 우리들의 모습, 지회별로 살펴보기

▼ 은평구지회

사진	소개
	영산어린이집 권주희 010-8845-5868 25년… 내 젊음과 열정, 눈물과 애정, 그리고 감사의 시간이 스며있는 어린이집
	예본어린이집 안복희 010-3879-3149 놀이는 아이의 언어, 우리는 그 이야기에 귀 기울입니다.
	예쁜꿈어린이집 하영애 010-2712-2595 사랑받고 사랑하며 지혜로운 아이로 성장할 수 있도록 돕는 예쁜꿈어린이집
	예원사랑어린이집 허미경 010-2381-4014 놀이는 유년기에 가장 순수하고 가장 영적인 인간활동-프뢰벨 놀이로 날마다 행복한 아이들, 아이들의 미소로 날마다 행복한 선생님.
	예향어린이집 신영미 010-2206-5351 기도를 모아서 후대 그루터기를 키웁니다.
	우림어린이집 조수연 02-357-2235 웃음이 넘치는 교실, 정성이 가득한 급식, 사랑이 가득한 선생님들, 우림어린이집에서 아이들은 놀이 속에서 배우고, 따뜻한 사랑 속에서 성장합니다.
	은평중앙어린이집 박경옥 02-357-9004 더불어 함께 놀며 자라는 은평중앙어린이집

▼ 은평구지회

사진	소개
	은평한옥마을성균관어린이집 이경숙 02-356-5375 성균관에서는 매일매일 즐겁게 웃고, 신나게 뛰고, 바르게 배웁니다.
	은행나무어린이집 정진아 02-387-8222 사랑 안에서 지혜롭고 덕 있게 자라나는 어린이, 은행나무어린이집
	은화어린이집 김현아 02-352-5513 놀면서 자라는 은화 어린이, 학부모, 교사 모두가 즐거운 은화
	자이안어린이집 박현진 02-6402-7007 놀이로 바른 성품과 웃음 가득한 배움, 존중과 사랑으로 몸과 마음·성품을 키우는 곳, 성품놀이로 자라는 어린이집
	정다운아이들어린이집 정경옥 010-3206-9176 꿈이있고 지혜로운 건강한 아이들이 모여서 놀이하는곳 정다운아이들어린이집
	진관라온어린이집 이상아 02-387-0999 따뜻한 돌봄과 즐거운 배움이 가득한, 아이들이 행복한 하루를 만드는 곳입니다.
	진관하랑어린이집 안현숙 02-303-8369 꿈과 사랑이 넘치는 진관하랑어린이집입니다.

PART 4. 우리들의 모습, 지회별로 살펴보기

▼ 은평구지회

사진	소개
	진관행복한어린이집 유경옥 02-354-1188 우리 아이들의 소중한 첫걸음, 행복한 어린 시절을 꿈꾸는 집
	푸른아이어린이집 김안순 010-9028-7322 건강한 신체로 큰 꿈을 가지고 넓은 마음으로 다양한 경험을 제공하는 어린이집입니다.
	풀잎어린이집 이은영 02-382-0202 햇살을 안고 바람을 따라 자연속에서 노는 행복과 건강을 꽃피우는 아이들의 놀이터
	하늘빛어린이집 김현자 02-351-9100 아이들의 꿈과 희망이 자라나는 곳 하늘 빛 어린이집
	홀츠앤키즈맑은샘어린이집 김영순 010-9278-7337 너희라는 꽃을 피우기 위해, 적절한 햇빛, 적절한 물 적절한 사랑까지
	홍익어린이집 구순아 010-5306-0421 사랑과 존중을 바탕으로 아이들의 인성과 창의성을 키우는 공간

▼ 중랑구지회

나의 자랑 우리 중랑
아이들의 내일을 키워온 중랑구 민간어린이집
오늘도 함께해서 든든한 친구입니다.

PART 4. 우리들의 모습, 지회별로 살펴보기

▼ 중랑구지회

사진	소개
	나래어린이집 지아영 010-9770-6763 행복한 어린이, 신뢰하는 학부모, 성장하는 교사들이 꿈의 나래를 펼치는 나래어린이집
	노벨어린이집 한경란 010-2579-8053 우리의 행복한 미래를 이끌어갈 아이들을 신나게 교육하고 보육하는 노벨어린이집
	다솔어린이집 고아라 010-2402-9314 사랑받는 아이가 사랑을 전하는 아이로 자라나는 곳, 다솔어린이집
	단비어린이집 조갑연 010-5351-1982 웃음이 있어 행복한 단비어린이집입니다.
	라임어린이집 이미헌 010-5177-2569 꿈을 먹고 사랑으로 크는아이 라임어린이집이 키웁니다
	모모어린이집 최정란 010-5190-2757 아이를 존중하고 학부모와 신뢰로 함께하는, 든든한 육아 동반자 모모어린이집!!
	베비텔어린이집 윤화숙 010-2877-2604 아이의 오늘이 행복해야 내일이 자라며 사랑과 믿음이 함께 합니다.

▼ 중랑구지회

사진	소개
	봄내어린이집 김가령 010-6292-0129 예쁘고 바르고 슬기로운 어린이로 자라나는 봄내어린이집 ~ ♥
	사과나무어린이집 김현미 010-2500-5012 사과처럼 탐스럽고 나무처럼 튼튼하게 자라는 아이들의 놀이터 사과나무어린이집입니다
	새봄어린이집 하지원 010-6253-2794 웃음이 피어나는새봄 아이들이 주인공이예요
	성애어린이집 김성애 010-9326-2777 하나님의 사랑으로 행복한 가정을 함께 만들어가는 성애어린이집입니다.
	세모네모재능어린이집 류향순 010-9126-6167 놀면서 배우고 웃으며 자라는 우리 아이들의 놀이터
	스머프어린이집 한지연 010-8997-4790 놀이 속에서 배우고, 사랑 속에서 자라는 스머프어린이집
	시온어린이집 윤순이 010-9744-7214 아이의 첫 시작을 사랑으로 채우고 자유롭고 창의적인 놀이로 하루 하루가 행복한 시온어린이집

PART 4. 우리들의 모습, 지회별로 살펴보기

▼ 중랑구지회

사진	소개
	신내데시앙어린이집 최은미 010-4830-6352 우리들의 놀이터, 아이들만의 행복한 세상!! 놀이로 배우고 사랑으로 자라는 어린이집입니다.
	신혜원어린이집 김영실 010-5308-5814 다문화권의 아동을 사랑하는 특별한 어린이집
	아이뜰어린이집 최은희 010-5040-2472 아이들이 존중받고 놀이로 배워가는 아이와 부모와 교직원이 협력하는 아이뜰어린이집
	아이어린이집 차금례 010-3736-9712 작은 손에 담긴 사랑이 큰 세상을 밝힙니다. 아이어린이집
	아이조아어린이집 엄혜석 010-9161-5881 부모님의 탁월한 선택! 놀이로 아이들의 꿈을 키우는 터전, 아이조아어린이집입니다.
	아이파크어린이집 김미연 010-6252-7999 사랑으로 자란 아이, 세상을 향해 나누는 아이로 자라납니다. 아이파크어린이집♥
	아침햇살어린이집 신미정 010-5036-7948 사랑합니다~ 리더쉽의전통 예절의명문 아침햇살어린이집 입니다.

사단법인 서울특별시민간어린이집연합회 창립 30주년 『품다』

▼ 중랑구지회

사진	소개
	영재사관어린이집 김일녀 010-2739-2553 "놀이속 배움, 사랑속 성장, 우리 아이의 첫 번째 학교, 영재사관 어린이집
	영재어린이집 조남선 010-5476-6344 바르고, 건강하고, 창의적인 어린이로 자라는 영재어린이집
	예쁜둥지어린이집 강미영 010-8925-3393 사랑받는 아이는 세상에 사랑을 나누는 어른으로 자랍니다. 예쁜둥지어린이집
	예쁜새싹어린이집입 김은옥 010-3253-9662 "50년의 숲 속에서 28년을 함께한 예쁜새싹", 사랑과 정성으로 자라나며 내일을 향해 나아갑니다.!
	자연아이발트슐레어린이집 심현임 010-6205-9504 따뜻한 마음으로 자란 아이는 누군가의 따뜻함이 됩니다. 자연아이트슐레어린이집
	자연어린이집 윤형자 010-4658-4440 자연·놀이 아이가 중심인 생태친화보육거점 어린이집
	참예은어린이집 박형화 010-8967-8616 바른인성과 따뜻한 마음을 키우는 사랑 가득한 배움터- 참예은어린이집

PART 4. 우리들의 모습, 지회별로 살펴보기

▼ 중랑구지회

사진	소개
	피노키오어린이집 신현성 010-6332-2443 아이들의 미래 역량을 발견하는 행복한 배움의 놀이터 피노키오 어린이집
	해오름어린이집 김숙자 010-3129-2040 해오름의 어린이는 오늘의 사랑과 관심으로 늠름하고 행복을 느끼며 떠오르는 해처럼 세상의 빛이 될 겁니다.
	햇살가득어린이집 정은영 010-6293-6113 햇살처럼 따뜻한 사랑으로 아이들의 꿈을 키우는 햇살가득어린이집

[도움을 주신 분들] 인터뷰 영상 따로 모아보기

[도움을 주신 분들] 인터뷰 영상 따로 모아보기

창립 30주년 기념 기록서 **품다**

발 행 일	2025년 12월 3일
편 저	사단법인 서울특별시민간어린이집연합회
	(04147) 서울특별시 마포구 백범로31길 21 서울복지타운 6층
	Tel) 02-927-4690 Fax) 02-6295-4402
발 행 처	나눔에이엔티
	서울시 성북구 보문로35길 39
	Tel) 02-924-6545 Fax) 02-924-6548
발 행 인	이윤근
등 록	제307-2009-58호
홈페이지	www.nanumant.com
I S B N	978-89-6891-444-7 가격 │ 24,000원

※ 이 책의 그림(삽화, 사진 등)은 저작권법의 보호를 받는 창작물로,
　무단 복제·배포·전시 등은 법적 처벌 대상이 될 수 있습니다.